宝宝脑力开发指南

乐妈咪孕育团队　编著

甘肃科学技术出版社

目录

Part 1

游戏＋营养，促进宝宝脑力开发

Part 2

0 ~ 1 岁：认知能力 Up！探索世界初体验

目录

目录

Part 4

2 ~ 3 岁：创造力 Up！变身小小发明家

PART 1

游戏＋营养，促进宝宝脑力开发

每一个小天使的降临，都给这个家庭带来无限的幸福与快乐。父母在给宝宝营造温馨舒适环境的同时，也会在与宝宝的日常互动中、饮食上花费心思，给宝宝必要的成长指导，以此帮助宝宝身体与智力上的健康发展。

认识宝宝大脑，了解左右分工

1 认识宝宝的大脑

长期以来，人类大脑的神奇构造与强大的功能得到科学家的热切关注。很多科学家通过科学实验探索隐含其中的奥秘，想要揭开其神秘的面纱。

生活中很多人认为只有成人成熟的大脑具有探究的价值，其实，宝宝的大脑就足以让人震惊。宝宝刚出生时的大脑只有成人大小的 1/4，但到了 2 岁，就已经长到成人大小的 3/4 了！等到了 5 岁，孩子的大脑就会和成人大脑的大小及容量非常接近了。但在语言表达能力、思维能力、视觉审美与肢体协调等众多的能力上，宝宝们都需要经过人生体验的不断积累才能得到提升。

宝宝年龄虽然小，但尚未发育完全的大脑就能执行最基本的呼吸、进食、消化、排泄等指令。成长中的宝宝犹如刚种下的树苗，此时最需要父母的陪伴，若父母能够扮演好启发教育的角色，给予适量的阳光、水分，宝宝定能茁壮成长。

正常人的大脑有两个半球，由胼胝体连接沟通，构成统一整体。美国心理生物学家斯佩里博士通过实验证实了“左右脑分工理论”。人的每种活动都是两半球信息交换和综合的结果。大脑两半球在机能上有分工，左半球感受并控制右边的身体，右半球感受并控制左边的身体。左右半脑具有明确的分工，左半脑主要负责语言、逻辑理解、记忆、时间、判断、排列、分析、书写、推理等，思维方式具有连

续性、延续性和分析性。因此左脑又有“意识脑”、“语言脑”等别称。右半脑主要负责空间形象记忆、直觉、情感、身体协调、视觉、美术、音乐、想象、灵感等，思维方式具有无序性、跳跃性、直觉性等。所以右脑又被称作“潜意识脑”、“创造脑”、“艺术脑”等。

宝宝在不同的阶段会有不同的行为表现，这也是左右脑所负责的机能不同的表现。父母要成为孩子的引导者与倾听者，帮助他们提升能力并形成良好的个性。

0～1岁是宝宝在生理、心理、社会意识等方面的觉醒期，从无知到探索认知，如果在此阶段他们能及早得到外界的适当刺激和激励，将能最大限度地开发宝宝的多元智力。因为他们本来就具有超强的模仿能力。父母要用身边的事物刺激宝宝的求知欲，增强他们探索外部世界的积极性，让他们学会主动接受信息。

1～2岁的宝宝开始有了自我意识，他们迫切地想要表达自己的意愿，但外界却无法从他们简陋的肢体表达与语言表达中解读出他们满意的答案。此时的宝宝容易发脾气，父母要注重调节宝宝的情绪，将宝宝的很多“坏行为”，理解为他们对新世界的探索、学习的求知行为。

2～3岁的宝宝较前两个阶段有了较大的变化，他们已经不再满足于父母简单的命令，他们能清楚地表达自己的基本诉求，并希望自己的话语、行动被外界尊重。此时，父母要大胆放手，让他们“自己的事情自己做”，从而不断提高社会生存能力、生活自理能力、独立思考、分析解决问题的能力以及锻炼坚强的毅力。

相信父母都希望自己的宝宝能够在成长过程中感知自身独特的存在魅力，努力发掘自身优势，并寻求自我突破。试着通过游戏促进宝宝大脑的发育，让宝宝从用纸笔的涂涂画画、与玩具的语言交流等一些小小的行动开始吧。

左脑“主管”的智能

左半脑主要负责语言、逻辑理解、记忆、时间、判断、排列、分析、推理等，思维方式具有连续性和分析性。

语言智能

◆词汇量：掌握大量的字、词和句子，并且可以灵活运用的能力。

◆理解能力：明白对方通过语言、文字等来传达含义的能力。

◆表达能力：把感情、观点等通过语言表达出来的能力。

◆组织能力：将语言按一定的语法规律组合起来，用以表达一定含义的能力。

逻辑思维智能

◆分类能力：根据事物的不同特性进行归类的能力。

◆判断能力：通过分析总结，肯定或否定某种事物的存在，或者指出事物具有的某种属性。

◆对比能力：对事物进行相互比较，且能找出某种特征的能力。

◆分析能力：把比较复杂的事物分成简单的部分，并且能找出事物之间的相互联系的能力。

◆推理能力：依据一个或几个已知条件，推断出一般规律或原理的能力。

◆总结能力：通过对已知事物的分析研究，概括出指导性结论的能力。

数学智能

◆排序能力：通过观察事物的不同大小、长度、宽度等要素，掌握事物排列规律的能力。

◆计算能力：按照公式（加、减、乘、除）计算出正确答案的能力。

◆条理性发展：根据事物的发展规律，遵照一定的秩序，对事物进行分析和研究，用来提高思维条理性的能力。

听觉记忆智能

◆听觉记忆能力：通过听觉记住事物、图形的能力。

自然智能

◆认知能力：判断自然界中事物是此而非彼的能力。

◆联系能力：掌握事物内部或彼此间的相互关系，并且借此分析事物的能力。

3 右脑“主管”的智能

右半脑主要负责空间形象记忆、直觉、情感、身体协调、视觉、美术、音乐、想象等；思维方式具有跳跃性、直觉性等。

形象思维智能

◆图形认知能力：准确辨认圆形、三角形、正方形等不同图形的能力。

◆形态认知能力：通过事物的外在形状或特征，判断是非的能力。

◆对称认知能力：认识和理解点线、面及由它们构成的图形被反射，或以对称轴为中心旋转后所得的图形能与原来图形重合的原理的能力。

空间知觉智能

◆位置判断能力：理解和区分事物的上下、前后、左右之间的位置关系的能力。

◆空间感知能力：理解事物立体外形特征和基本立体图形，并且能判断是否正确的能力。

创造性思维智能

◆观察能力：能通过观察理解事物表现出来的特点的能力。

◆推断能力：能通过给出的不同条件、情况的变化推断出不一样结果的能力。

◆组合能力：能将多个要素或部分组合成有机整体的能力。

◆规律分析能力：通过观察分析得出数字、图形、语言的内在联系规律的能力。

◆解决问题能力：把一个事物或现象分成几个简单的部分，并且能找出各部分的本质属性和相互之间联系的能力。

人际关系智能

◆理解能力：能够理解他人的立场和观点，并且站在对方角度思考问题的能力。

◆自知能力：了解自己的能力，并且知道如何去处事的能力。

◆情感表达能力：能够将自己的情感和想法通过语言或肢体表达出来的能力。

◆内省能力：能够通过自我反省认识自己的缺点或错误，并能积极改正的能力。

视觉记忆智能

◆视觉记忆能力：通过观察记住图形或者事物的能力。

肢体协调智能

◆动手能力：手指具有一定的灵活度和精细度，能够自己动手制作作品的能力。

◆肢体协调能力：肢体能协调运动，并且能保持平衡的能力。

补充营养，为宝宝大脑添动力

1 宝宝要聪明，需要哪些营养素

宝宝的健康成长离不开身体各器官的有序运转，而器官的有序运转又离不开营养素的支持。因此，父母要在日常的饮食中给宝宝补充必要的营养素，这样才有益于宝宝生理、心理或者是智力的发展。

碳水化合物

◆碳水化合物是人类从食物中汲取能量的主要来源。碳水化合物能为宝宝身体的正常运作提供大部分能量，具有保持体温、促进新陈代谢、驱动肢体运动、维持大脑及神经系统正常运作的作用。碳水化合物的主要食物来源有谷类、水果、蔬菜等，生活中可依靠水稻、玉米、香蕉、葡萄、胡萝卜等食物来补充。

蛋白质

◆蛋白质是机体细胞的重要组成部分，是人体组织更新和修补的主要原料，充足的蛋白质能给宝宝的生长发育提供保障，如骨骼生长、大脑的发育等。蛋白质主要来源于肉、蛋、奶和豆类食品，可通过猪肉、鸡肉、鱼、鸡蛋、牛奶、黄豆等食物来摄取。

脂肪

◆脂肪主要供给人体以能量，具有保持体温恒定、缓冲外界压力、保护内脏等作用，而且可促进脂溶性维生素的吸收，花生、核桃等干果或食用油中就富含脂肪。

膳食纤维

◆膳食纤维在人体的消化系统中发挥着重要作用，能增加肠道蠕动、防止便秘及其他肠道疾病的发生，可帮助宝宝建立正常排便规律，保持良好的肠胃功能，其食物来源主要包括糙米、玉米、柑橘、薯类等杂粮与蔬菜。

维生素 A

◆维生素 A 具有维持人的正常视力、维持上皮组织健全的功能，可帮助宝宝皮肤、骨骼、牙齿、毛发的健康生长。富含维生素 A 的食物有鱼肝油、牛奶、胡萝卜、西红柿、西蓝花、南瓜等。

B 族维生素

◆ B 族维生素的种类多样，维生素 B_1 对神经组织和精神状态有良好的调节作用，还能促进胃肠蠕动，帮助消化，增强宝宝的食欲。富含维生素 B_1 的食物包括谷类、豆类、干果类、硬壳果类等。维生素 B_2 在碳水化合物、蛋白质、核酸和脂肪的代谢中扮演着重要的角色，能有效促进宝宝发育和细胞的再生。日常可通过奶类、蛋类、鱼肉、肉类、谷类、新鲜蔬菜与水果等食物来补充。维生素 B_6 是制造抗体和红细胞的必要物质，能维持宝宝神经和肌肉骨骼系统的正常功能，其在蔬菜中的含量较为丰富。维生素 B_{12} 是人体重要的造血原料，能促进宝宝生长发育，能预防贫血和维护神经系统健康，还能增强宝宝的注意力、记忆力。维生素 B_{12} 含量丰富的食物包括动物的内脏、乳及乳制品等。

维生素 C

◆维生素 C 可以促进伤口愈合、增强机体抗病能力，对维护牙齿、骨骼、血管、肌肉的正常功能有重要作用，同时还可以促进铁的吸收、提高免疫力等。维生素 C 主要来源于新鲜蔬菜和水果。

维生素 D

◆维生素 D 是人体骨骼正常生长的必要营养素，是婴幼儿不可缺少的一种重要维生素。皮肤只要适度接受太阳光照射便不会缺乏维生素 D。在众多的食物中，鱼肝油的维生素 D 含量最丰富。

维生素 E

◆维生素 E 具有改善血液循环、修复组织、保护视力、提高人体免疫力等功效。在食用油、水果、蔬菜及坚果中均存在。

钙铁钾不能缺

◆钙是构成人体骨骼和牙齿硬组织的主要元素。钙的来源很丰富，最常采用乳类与乳制品来补充。铁元素具有造血功能，参与人体血蛋白、细胞色素及各种酶的合成，促进生长；铁还在血液中起运输氧和营养物质的作用。食用动物肝脏与绿叶蔬菜可有效补铁。钾有助于维持神经健康、心跳规律正常，可以协助肌肉正常收缩，猕猴桃、草莓、柚子等含钾丰富。

微量元素必不可少

◆人体对锌、硒、铜、碘等微量元素的需求量较少，但它们却起着促进人体生长发育、增强免疫功能等多种重要作用，有“生命元素”、“智力元素”的美称，适量食用蔬菜、海产等含微量元素丰富的食物即可补充人体所需。

如何保证宝宝的“营养均衡”

宝宝处于生长发育的旺盛期，营养均衡的膳食对其健康成长起着重要的作用。营养食品通过科学搭配后食用，能增强抵抗力，降低宝宝患病的概率。

粗细粮搭配

◆ 0 ~ 3 周岁的宝宝处在身体生长发育较快的时期，合理、平衡的膳食是健康的基础。随着现代加工技术的发展，大部分家长都没有食用粗粮的习惯，这就使得宝宝的粗粮摄入也常常被忽视。粮食在精细加工的过程中，维生素、无机盐和微量元素也会丢失，若宝宝长期只摄入细粮，容易导致营养缺乏。如宝宝缺乏维生素 B_2，会出现口腔溃疡、口角炎等症状。一般在宝宝半岁时父母就可以给宝宝添加辅食，但由于宝宝的消化系统还没有发育完全，开始时制作的辅食以流体为主，把握好辅食中粗粮的比例，玉米糊、小米粥、南瓜泥、红薯粥等都是不错的选择。通过营养的饮食，合理摄入淀粉、蛋白质、脂肪、维生素等多种营养素，让宝宝健康成长。

水果与蔬菜

◆水果与蔬菜在人类膳食中有着其他食品所不可代替的重要作用。因此除了米饭和面条等主食，给宝宝增加水果与蔬菜是相当有必要的。如维生素 C 与机体的免疫力、胡萝卜素与人类的视觉均有着密不可分的关系。在给宝宝喂食水果和蔬菜时，还存在着这样一种普遍的情况，就是有些宝宝不爱吃蔬菜，妈妈就用水果代替蔬菜。其实这样并不好，蔬菜中的某些维生素与矿物质是水果所不能替代的，而且蔬菜中富含的纤维是保证大便通畅的主要营养之一，长期缺乏蔬菜的摄入，宝宝会营养不良，也容易出现便秘症状。遇到这种情况，妈妈可将蔬菜混合到宝宝喜欢的菜食中，做成丸子或煮成汤后食用。

不宜过多吃糖与零食

◆宝宝摄入的糖分过多，易得龋齿，而且体内储存的大量糖分需要B族维生素来进行代谢，B族维生素被消耗排泄，会阻碍大脑的运作，会对宝宝的神经系统造成影响，导致宝宝性格孤僻或情绪烦躁等症状。除了糖分，宝宝摄入零食的量父母也要控制好。一方面是零食的营养成分无法同主食相比，甚至有时产品本身的质量也难以保证；另一方面，如果零食吃多了，宝宝在正常的进食过程中，食欲降低了，主食摄入量大大减少，营养供给自然不充分，这样就容易患上营养缺乏症。

不挑食才能营养全面

◆很多宝宝的偏食习惯不是天生的，可能是在后期的饮食中受到家人不良饮食习惯的影响。比如父母对某一种蔬菜或水果表现出不喜欢甚至厌恶的情绪，那么，宝宝会在父母的影响下也讨厌这种蔬菜或水果。因此，父母在饭桌上不要挑食，给宝宝树立好的榜样，以培养宝宝不挑食的饮食习惯，因为任何挑食、偏食都会妨碍到身体摄取全面性的营养。

防止营养过剩

◆我们在提起“营养均衡”时常常会想到不吃什么、要吃什么，营养过剩的问题可能会被忽略。但随着生活水平的提高，宝宝营养过剩的现象也越来越普遍。宝宝能量摄取超过消耗和生长发育的需要，剩余的能量转化为脂肪堆积在体内，从而造成了营养过剩。营养过剩的宝宝，最明显的表现是体型肥胖。其实营养过剩不仅影响宝宝的大脑发育，还会威胁宝宝的身体健康。因此，父母在配方奶粉的喂养、辅食的添加等饮食细节中要遵循科学的指导，同时给予适当运动锻炼的机会，促进能量的消耗。

宝宝餐烹调秘诀

随着年龄的变化，宝宝的饮食特点也在变化，妈妈要了解宝宝每一个时期的饮食特点，为宝宝合理安排膳食。用心制作每一餐，让宝宝及时补充所需的营养素，宝宝变得聪明有活力，妈妈更省心。

选材新鲜，制作干净

给宝宝吃的辅食，一定要保证购买食材的质量，水果、蔬菜要选择天然新鲜的，宝宝的肠胃比较娇弱，质量欠佳的食材会对宝宝的健康造成巨大的伤害。制作的过程中首先要注意双手、器具的卫生；其次，食材要清洗干净，避免摄入残存农药；再者，要保证食材彻底煮熟，避免食用后细菌感染。

烹制有技巧，吃好才健康

辅食的制作要遵循从“单一到多样”、“稀释到浓稠”、“量少到量多”、“质细到质粗”的变化过程。刚开始要坚持细、软、烂的准则，面条要软烂，肉要切成碎末，鸡、鱼要去骨刺，花生、核桃要制成泥、酱，瓜果去皮和果核，刺激性食品应少吃。食材的质地从流质、半流质、半固体到固体，能让宝宝在饮食过程中逐渐习惯，并对食物产生喜爱。为了保持食物的营养素，食材要新鲜，烹制蔬菜时要先洗后切，急火快炒；炒菜熬粥时尽量少放调味料，以免食材中的营养物质遭到破坏；高温油炸会使食物中的营养素丢失，且其不易消化，宝宝食用会加重肠胃的负担，不利于营养的吸收。

外形美观，宝宝最爱吃

宝宝天生好奇爱美，那些外形美观、气味诱人的食品更能引起他的注意，并通过视觉、嗅觉等感官传导至其大脑食物神经中枢，引起反射后就能刺激食欲，消化液的分泌增加，宝宝的消化吸收功能就更好，这样有利于营养的吸收以及身体的成长。所以妈妈在制作宝宝的辅食时，不妨将其制作成色泽鲜艳、造型可爱又小巧，易于入口的样子，食物的多变可以避免宝宝吃腻。

4 0 ~ 3 岁宝宝喂养秘诀

作为新手爸妈，在宝宝的喂养上，是不是有些不知所措呢？其实，掌握一些小技巧是非常重要的。喂养秘诀，马上告诉你！

吃饭环境很重要

吃饭是一件很自然愉快的事情，可是当它带有强迫性质或者是存在着诱发分心的因素时，就说明父母的喂养方式出现了问题。很多父母只会责备孩子没有好好吃饭，却没有在自己身上寻找原因。其实给孩子营造一个良好的用餐环境是相当有必要的。现在儿童餐椅的设计都很好，当孩子坐姿较为稳当的时候，父母就要有意识地让孩子养成在固定的餐椅上用餐的习惯。一开始宝宝的手部动作还不利索，此时可以先让宝宝坐在餐椅中，由父母一口一口喂食；等到宝宝的手部力量提升，可以自己握、拿餐具时，就要让他自己食用。经过耐心教导，宝宝就会专注并且爱上吃饭这件事情，从而养成良好的用餐礼仪。

喂养的态度很重要

每个人都有食欲不佳的时候，不要因为自己花心思做好了饭，宝宝却吃得很少甚至是不愿吃而去责骂他。不要让宝宝觉得吃饭的时候总是会被批评，久而久之，吃饭的时光也就失去了快乐的滋味，吃饭也就变成了一件无趣的事情了。要用心去了解宝宝，当宝宝主动尝试了一种新的食材、饭量又大了一点，像这样一些小小的变化，都是值得高兴的，此时需要给予宝宝多一点的赞扬，培养他的自信心。幸福的吃饭时光是需要父母用心营造的。

进食不宜过量，吃饭时间要遵守

很多家长在给宝宝喂食时，总是逼迫孩子再多吃一口，其实食量时大时小是很正常的，盲目地逼迫宝宝进食或者是让宝宝吃得太多都会损害其脾胃功能，消化功能的紊乱会加重消化器官和大脑控制消化吸收的胃肠神经及食欲中枢的负担，这样轻者会导致宝宝营养不良、对进食产生恐惧感，严重时会使其大脑皮质的语言、记忆、思维等中枢神经智能活动处于抑制状态，不利于宝宝的智力发育。此外，给宝宝制定科学健康的吃饭时间表也是很重要的，有规律的吃饭时间，能让宝宝从小养成健康的生活习惯，提高其自立意识。若吃饭的时间安排得过于紧凑，不利于宝宝的消化；时间间隔太长，宝宝又容易饿肚子，能量得不到补充，也会影响精神状态与活动能力。

PART 2

0～1岁：认知能力Up！探索世界初体验

0～1岁，宝宝会运用视觉、听觉、嗅觉、触觉等感官来认识和熟悉环境。可让宝宝运动，扩大感官刺激，让宝宝乐意交往。适当带宝宝去户外活动，感受大自然，提高宝宝的语言交流兴趣和增强肢体平衡能力，还可以训练宝宝与人合作，多接触新鲜事物。多提供游戏机会，能帮助宝宝开发左脑和右脑。

左脑开发方案

 语言智能开发

在这个阶段，宝宝虽然不会说话，但是他可以接收词语信息，并且在大脑中进行存储。父母将语言与情感紧密相连，要与孩子进行良好的语言交流。这样不仅可给宝宝示范正确语法，还可以教宝宝谈话规则。

为宝宝唱歌

●开发目标

培养宝宝的发音及口唇模仿能力，刺激其语言表达能力的发育。

●互动游戏

健康的新生儿从出生后几分钟就开始具备看的能力，出生 1 ~ 2 天的宝宝就非常喜欢睁大眼睛看着妈妈，他们都非常的专注，对各种事物都充满好奇。此时妈妈可以选择一些妊娠期中为胎儿播放过的歌曲，还可以贴着宝宝的小脸唱给他听，要注意控制好音量并仔细观察宝宝的表情和反应。

专家提示

妈妈的口型对宝宝有着吸引力，用这种方式做游戏可以刺激宝宝张口发音。妈妈的表情还可以夸张些，这样的神情会带动宝宝处于活跃状态，能刺激宝宝模仿你的口型，并积极尝试开口表达。此外，给宝宝唱歌还能培养宝宝的听力。

妈妈教宝宝发音

●开发目标

锻炼宝宝发音，帮助提升语言表达能力，增强语言智能。

●互动游戏

先让宝宝跟妈妈面对面躺着，接下来妈妈用愉快的语气与表情发出“a-a”、“u-u”、“ba-ba-”、“ma-ma-”等一些音节来吸引宝宝，引起宝宝注意你的口型。每发一个音都要稍微停顿一下，给一些时间让宝宝模仿。妈妈还可以拿着一个色彩鲜艳或带响声的玩具，在宝宝面前一边摇动一边说：“宝宝，快来拿(na)，拿！”多次重复以便激励宝宝发出“na”的音。这样做，也可以引起宝宝学着发音，逐渐由单音向双音发展。

专家提示

宝宝在这个时期会无意中发出“ma”或“ba”的声音，这是宝宝自己咿呀叫唤时无意发出的音。但是那些需要运用到辅音的发音还是需要有口唇的参与，比发元音要略微难一点，因此，父母要多和宝宝“交流”，教宝宝重复发出辅音，以便提高其语言智能。

学叫“爸爸妈妈”

●开发目标

通过最开始叫“爸爸”、“妈妈”，来训练宝宝学会发双音节词。

●互动游戏

父母与宝宝近距离接触，并用夸张的口型说道：“爸—爸”或“妈—妈”。这个时候宝宝也会跟着学说“爸爸”、“妈妈”。在爸爸将要抱宝宝的时候，可指引宝宝学着叫“爸爸”，假如宝宝做到了，爸爸可做出夸张的表情称赞宝宝，并且将宝宝高举起来，宝宝将会非常兴奋。

专家提示

父母用夸张的口型来教导孩子是很十分重要的，宝宝喜欢模仿，通过一段时间的练习，咽喉肌肉逐渐发达，还有助于发更多的音节。

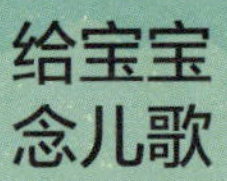

给宝宝念儿歌

●开发目标

引导宝宝发声，促进其语言技能的增长。

●互动游戏

妈妈对着宝宝念儿歌《甜嘴巴》：“小娃娃，甜嘴巴；喊妈妈，喊爸爸……”妈妈每念一句，都要故意加深最后一个字的语气，并且拉长前面字的发音，念成：“小娃……娃”。重复几次之后，可以选择故意不念每一句的最后一个字，只做口型，等着宝宝自己说。慢慢地宝宝就会明白，也会尝试说出下一个字。

专家提示

在宝宝能发出不同音节和语调的时候，父母要重视宝宝的发声练习。宝宝开始发声时，父母不但要给予正确的回应，而且还要创造机会让宝宝有发声的强烈欲望。念儿歌游戏不仅可让宝宝熟悉儿歌，而且还能促进宝宝语言能力的发展。

学说话和逗笑

●开发目标

促进宝宝的语言理解能力，丰富宝宝与妈妈的感情交往，增进亲子感情。

●互动游戏

妈妈抱着宝宝，与宝宝谈话时，应将自己的脸贴近宝宝的脸，距离控制在 30 厘米内，让宝宝注意妈妈的口型和面部表情。妈妈可以对宝宝温柔地说："宝宝，看妈妈的嘴，说'a'。"边说边做"a"的口型。单个韵母 a(啊)、u(呜)、e(呃)等，在妈妈的引导下，宝宝有时能发出这些单个韵母的音，有时还会发出"kuku"的音。随着宝宝各种感觉器官的成熟，对外界刺激的反应也越来越多，愉快情绪也逐渐增加。除了自发的微笑外，宝宝很容易被逗笑，甚至出声地笑。父母要在宝宝情绪愉快时多与宝宝说笑，使宝宝感受多种声音、语调，促进宝宝对语言的感知能力。

这时宝宝的微笑已开始具有初步的社会性，宝宝开始会表现出悲痛、激动、喜悦等情绪了，还可以通过吮吸使自己安静下来。

专家提示

妈妈经常教宝宝说话，并与宝宝"对话"、逗笑，能帮助宝宝储备一定的语音基础。通过声音刺激，可以让这些语音记录在宝宝的大脑语言中枢里，有助于宝宝的语言智能发展。有时候宝宝会独自一人长时间地咿咿或啊啊"唱"个不停，十分有趣。

逻辑思维智能开发

刚出生的宝宝，逻辑思维智能还是比较薄弱，但经过父母耐心的训练，宝宝在 1 岁左右基本上都具备简单的分类能力，可对事物进行相互比较，知道初步给物品分类。

看明暗画面

●开发目标

锻炼宝宝的视觉观察以及对比能力，此游戏可用来提升逻辑思维智能。

●互动游戏

妈妈找来一张纸，纸上一半为黑色，一半为白色。

在宝宝比较活跃的时候，将这张黑白纸举到距离宝宝眼睛 15 ~ 30 厘米的地方晃动，引导宝宝观看。

还可以将纸转动或者是对折，以引起宝宝的注意力并刺激其思考。

专家提示

这个游戏可以在宝宝出生半个月后进行。游戏中妈妈应该细心观察宝宝的眼球是否会停留在黑白两个画面上转动。通过这样的游戏可以提升宝宝对颜色的感知能力，更为重要的是还能训练宝宝对两种事物的对比判断能力，培养其逻辑思维能力。

听节奏转动手腕

●开发目标

帮助宝宝形成解决问题的能力。

●互动游戏

妈妈在宝宝面前通过转动手腕使拨浪鼓响起来，这个时候可把拨浪鼓递给宝宝，让宝宝学着妈妈的样子转动手腕。当宝宝学会转动手腕使拨浪鼓响起来以后，妈妈可用拍手打出音乐节拍，并且让宝宝也学着用拨浪鼓随着响应。

专家提示

这个游戏在重复多次以后，宝宝就能发现只有转动手腕的方法才能使拨浪鼓响起来，宝宝就能逐渐地掌握声音与动作的内在关系。假如宝宝从小就非常喜欢音乐，当父母边听音乐边打拍子的时候，宝宝也能跟着一起做。

按大小排排队

●开发目标

扩展宝宝的认知概念，提高宝宝认识世界的能力。

●互动游戏

把父母的物品和宝宝的物品，如衣服、袜子及碗等，或者是能够吸引宝宝注意力的水果，大小明显的东西排列在一起，反复对宝宝说："这是大的，这是小的。"大的排在前面，小的排在后边，这样可以通过游戏让宝宝学会分辨大小，认知事物的不同。还可在实际生活中给宝宝创造机会教他如何分辨大小。比如通过户外看到停放的车辆有大卡车、小轿车，重复教给宝宝："这是大车，这是小车。"

专家提示

游戏可以培养宝宝对事物的观察和分析能力，并且学会对大小物品的分类和对比，认识到事物的不同特征。

给宝宝跳舞玩具

●开发目标

刺激宝宝的好奇心，提升宝宝的分析、对比以及判断能力。

●互动游戏

游戏开始之前，妈妈把会转动的玩具悬挂在宝宝的床前上方，每次悬挂一种即可。接下来播放音乐，跟随着音乐将玩具缓缓地移动，用来刺激宝宝去看，并且用目光追逐玩具。如果玩具本来就具备有声音，就可不必再播放音乐，如电动飞鸟，再去播放音乐，反而会干扰宝宝的注意力，还会影响游戏效果。每种玩具挂上一段时间以后，再换上不一样的玩具。

专家提示

3 个月的宝宝，两侧眼肌已经能够互相协调，相对来说能较熟练地追视各种运动的事物。此游戏不仅能够训练宝宝学会视线的转移，还能培养宝宝对颜色、事物的分辨能力，并且逐渐学会区别各种事物间的特征，用来提高其逻辑思维。

被包起来的玩具

●开发目标

训练宝宝的分析推理能力，提高逻辑思维能力。

●互动游戏

当着宝宝的面将一个玩具用纸包起来，再把纸包交给宝宝。开始时，宝宝拿到纸包后会把纸撕破，拿出玩具。父母再用另一张纸把玩具包起来，并当着宝宝的面将纸包打开，将玩具拿出来。反复包好打开几次后，让宝宝知道不用撕纸，只要把纸包打开就能拿到玩具。当宝宝学会打开纸包并拿出玩具时，父母应及时给予宝宝表扬。

专家提示

这个游戏是让宝宝边动手边思考，最后把纸包打开取出玩具，不仅锻炼了宝宝手部的灵活性，更重要的是锻炼了宝宝对问题的思考推理能力。

数学智能开发

1岁以内的宝宝，可通过对不同大小、长度、宽度的事物来进行观察，找到它们之间所存在的不同，增强对事物外在形态的基本认知，学会掌握事物排列规律的能力。

朗诵数字儿歌

●开发目标

帮助宝宝对数字的理解。

●互动游戏

选择在宝宝睡醒或吃饱以后，妈妈可将宝宝抱在自己的腿上，然后用手支撑着宝宝的头部，让宝宝看着妈妈的脸，接下来给宝宝唱儿歌："'1'像铅笔能写字；'2'像小鸭能浮水；'3'像耳朵能听话；'4'像红旗飘啊飘……"。让宝宝能够在妈妈的歌声中接受数字的熏陶。

专家提示

1～2个月的宝宝对数字的概念十分模糊，数学智能发展还处在萌芽阶段。如果妈妈能够经常这样与宝宝玩数字游戏，就能促进宝宝的数学智能发展，借助具体事物表达出来的数字，能使抽象的数学概念变得生动具体，能加深宝宝对其印象。

分清大小球

●开发目标

帮助宝宝认识大小的概念。

●互动游戏

妈妈先准备两个球，一个大的，一个小的，放在桌上。

妈妈抱着宝宝坐在桌子旁，让宝宝看看球，妈妈指着大球告诉宝宝："宝宝看，这个是大球。"然后再指着小球告诉宝宝："这个是小球。"

接着妈妈把大球和小球分别拿起来让宝宝抱抱，可让宝宝感觉一下大球与小球在触觉上的不同。

专家提示

数字源于生活，利用日常生活中的各种物品，或者宝宝的玩具等，来丰富宝宝的数学经验，充分调动宝宝的各种感官，体验数字概念。3 个月的宝宝，已经能够分辨简单的形状了，比如大小。所以大人要尽可能创造条件，通过游戏让宝宝感觉到数学的趣味和体会数学信息，帮助宝宝提高数学智能。

套纸杯

● 开发目标

让宝宝感知杯子的数量关系，形成初步对数量的概念。

● 互动游戏

把 5 个规格相同的纸杯排列成一排摆在宝宝的面前。妈妈从一侧拿起一个纸杯，放在最后一个纸杯上，并一边数着一、二、三……然后依次拿起纸杯放上去，表演给宝宝看。让宝宝学着妈妈的样子自己做，妈妈还要为宝宝数数。

专家提示

虽说宝宝在数量上还不完全有明确的概念，但是对一个和多个已经开始有明确的认识。每当宝宝把杯子套到一起的时候，好像所有的杯子都成了一个杯子，此刻宝宝就会感受到数量的增加和变少的奇妙关系。

数学也可以简单学

● 开发目标

让宝宝学会认识 1 个和 2 个。

● 互动游戏

在吃饭的时候，让宝宝帮妈妈从盒子里拿出 1 把小勺。

如果宝宝拿的不是 1 把，妈妈就要纠正宝宝的动作，让宝宝重新去拿 1 把。如果宝宝拿对了，妈妈也要做出强调，对宝宝说："宝宝真棒，这是 1 把勺子。"

接着让宝宝拿 1 双筷子，要重复强调："宝宝帮妈妈拿 2 根筷子，是 2 根。"并伸出两个手指。

专家提示

通过前面几个月的训练，应该说让宝宝做到这一点并不是很难，宝宝对 1 和 2 也有了初步的理解。

一起数数

●开发目标

培养宝宝对数字顺序的认识，逐渐熟悉数目的大小。

●互动游戏

妈妈把宝宝放在摇篮里，一边摇摇篮，一边跟着摇篮的节奏数数给宝宝听。

妈妈还可以在抱宝宝上楼梯的时候，有节奏地从 1 数到 10 给宝宝听。

妈妈还可拿着宝宝的小手，一个一个地拨弄宝宝的小手指，数一数："1、2、3、4……"

专家提示

这个阶段培养宝宝的数学智能，应该让宝宝学会用感官去了解数学。每天与宝宝有目的地进行上面的游戏，通过宝宝的听觉来逐渐强化宝宝对数字的概念，达到逐渐熟悉数字的效果。

自然智能开发

这个时期，宝宝不太会走路，父母还是需要尽可能多花时间抱着宝宝到户外走动，帮助宝宝认识更多的事物，可以让宝宝对自然界有个直观的认识，激起宝宝对事物的好奇和探索欲望。

一起听雨声

●开发目标

培养宝宝对自然界事物的好奇心，提高其对大自然的认知能力。

●互动游戏

下雨天，妈妈可以把宝宝抱到窗户边，一起看看窗外的雨景、听听雨声，还可以给宝宝哼一下儿歌，像："小雨小雨哗哗下，宝宝宝宝快长大。"妈妈的歌声与窗外滴滴答答的雨声能够激发宝宝的好奇心，也能让宝宝感觉到大自然的趣味。

专家提示

父母在照顾宝宝的时候，需要帮助宝宝熟悉生活中的不同声音，让宝宝多接触大自然中各种事物发出的声音，比如雨声、雷声、动物的叫声等，这样能丰富宝宝的听力，更重要的是帮助宝宝辨别自然界中的各类事物，促进宝宝的自然智能的增长。妈妈与宝宝说话的时候尽量还是用普通话，并且注意不可以用过强的噪声似的语言刺激宝宝。

在婴儿车里晒太阳

●开发目标

阳光能提升宝宝的自然智能。

●互动游戏

在阳光充足、无风的时候，可给宝宝戴上一顶遮阳帽，避免阳光直射宝宝的面部。然后让宝宝仰卧在婴儿车里，再脱去宝宝的衣服，用小浴巾遮住肚子，到阳光下晒太阳。

妈妈还可边念儿歌边轻揉宝宝被太阳晒的部位；然后再让宝宝俯卧，妈妈再重复上面的动作。日光浴结束之后，需给宝宝喝适量的温开水，补充水分。

专家提示

培养宝宝的自然智能，一定要发展孩子的视觉、听觉，培养宝宝对自然界的好奇心，从而提升自然智能。

认识身体部位

●开发目标

训练宝宝认识自己的身体部位，为以后认识其他身体部位打基础。

●互动游戏

妈妈可先为宝宝准备一些动物玩具，然后再和宝宝一起玩。妈妈还可以问宝宝："小熊的耳朵在哪里？"宝宝这样更容易就能认出。接下来妈妈再问宝宝："宝宝的耳朵在哪里？"如果宝宝能伸手摸自己的耳朵，妈妈还要微笑点头给予鼓励；假如宝宝还不知道，妈妈要握着宝宝的小手，帮助宝宝摸到自己的耳朵。妈妈还可将宝宝抱到镜子前，让宝宝看着镜子中的自己，再让宝宝摸摸自己的耳朵。

专家提示

宝宝到了6个月之后，基本已经能够认识2～3种事物。父母需要逐渐观察宝宝喜欢自己的哪个部位，然后耐心地帮助宝宝逐渐认识它们。这样不仅能够帮助宝宝认识到更多的事物，而且更加能让宝宝熟悉自己身体部位，从而丰富自然认知能力。

认鞋子 踩影子

●开发目标

帮助宝宝认识自己的脚和鞋，让宝宝认识生活用品，以及光与影的自然现象。

●互动游戏

宝宝能够站立时，父母可以给宝宝买一双行走舒适的鞋子，等到天气晴朗的时候，给宝宝穿上新鞋，带着他到户外行走，宝宝一定会很喜欢自己的新鞋并且尝试着独立行走。

行走时妈妈可以问宝宝："宝宝的新鞋在哪里啊？"宝宝会低头盯着自己脚上的新鞋，或者是伸出小手指着自己的新鞋，又或者是直接抬起小脚让爸爸妈妈看。此时，爸爸妈妈要及时对宝宝的行为给予夸奖，像"宝宝的新鞋好漂亮啊！"

当宝宝穿着新鞋在户外欢快行走时，影子也会移动，爸爸妈妈可以给宝宝示范踩影子的行为，宝宝看到后就会意识到影子的存在并会认真地观察起来。

专家提示

新鲜事物对宝宝具有极大的吸引力，无论是新鞋子还是移动的阴影，对外界新奇事物的研究会培养宝宝观察、分析、判断的能力。

听觉记忆智能开发

宝宝刚出生就能听见人说话，有着语音喜好，喜欢妈妈的声音。并且能对周围声音做出反应，表现出寻找声源的状态，主动倾听周围环境里发出的声音，喜欢听节奏感强的音乐，并会随着音乐晃动身体。

听父母的笑声

●开发目标

宝宝听父母的笑声，最终自己笑出声音。

●互动游戏

想让宝宝笑出声音，需要父母经常在宝宝面前笑。一段时间后，宝宝就会模仿父母的声音学着放声大笑。妈妈还要经常创造条件同时逗宝宝乐，比如妈妈可做鬼脸让宝宝发出“咯咯”的笑声。

专家提示

在训练宝宝听力的时候，还要经常让宝宝听到笑声，并且训练宝宝自己发出笑声，这有助于宝宝养成乐观的性格。

辨别高低音

●开发目标

帮助宝宝感受高音、低音的变化。

●互动游戏

妈妈弹响有明显高、低音区别的曲子（还可放着录音），爸爸抱着宝宝倾听，并且不时地对宝宝说："宝宝听，妈妈弹得多好听。"

当听到音乐的高音时，爸爸将宝宝高高举起，并且说道："这是高音！高！宝宝现在比爸爸还要高。"当听到低音时，爸爸就把宝宝放低，对宝宝说道："宝宝，这是低音，现在宝宝在低处啦。"反复数次。

专家提示

3 个月以后的宝宝，就能够区别各种不同的声音，所以父母要经常跟宝宝玩一些声音游戏。每次进行这个游戏时，首先要让宝宝留意听音乐，感受到宝宝在听音乐时，再将他举高放低，能让宝宝在运动中去感受声音的高低变化，这游戏对于提升宝宝的听觉记忆智能有益处。

扔球游戏

●开发目标

锻炼宝宝听觉的灵敏度，促使听觉智能的发育。

●互动游戏

妈妈找来一个没有盖的盒子，再找来一些彩色糖球。将盒子放到远处，妈妈拿起一粒糖球向盒子里扔去。

当糖球扔到盒子里时，妈妈要说：“哗啦，球进盒子啦。”

指引宝宝也来扔球，如果宝宝也将糖球扔进盒子，妈妈还要说：“哗啦，宝宝的球也进盒子啦。”

专家提示

这个游戏能够发展宝宝的视觉、听觉和手部活动的协调性，通过外界声音刺激，促进宝宝智力的早期开发，使得宝宝的身心得到健康发展。妈妈暂时不要将糖球独自留给宝宝玩耍，以免宝宝误食、噎住，引发危险。

学当小小指挥家

●开发目标

锻炼宝宝的听力及对音乐节奏的感知能力。

●互动游戏

给宝宝放一些舒缓、优美的高雅音乐，每天 2 ~ 3 次，每次 5 ~ 10 分钟。在宝宝听音乐的时候，妈妈从背后抓住宝宝的手臂，合着音乐的节奏拍手，并且随着旋律变化手臂动作的幅度。

专家提示

这个游戏能够增强宝宝中枢神经系统的联系通道，开发宝宝智力。且在灌输音乐感知能力的同时，还能够锻炼宝宝的听觉，用来刺激听觉发育。不过妈妈在选择音乐的时候要放弃那些有超重低音效果的，或起伏过大的，以免惊吓到宝宝。

右脑开发方案

形象思维智能开发

父母可以给宝宝准备不同形状的玩具，让宝宝在游戏中认识最基本的图形，宝宝可以慢慢学着准确辨认出圆形、三角形、正方形等。

看父母的口型

●开发目标

帮助宝宝认识口型的变化，锻炼宝宝的形象思维能力。

●互动游戏

父母面对宝宝做口型的游戏。比如爸爸张口，妈妈也张口；爸爸伸舌，妈妈也伸舌；爸爸咬舌，妈妈也咬舌。看宝宝会不会模仿父母的动作，跟着张口、伸舌、咬舌并发出声音。刚出生的宝宝就会吸吮，口的动作比其他部位更灵活，所以学得很快。

专家提示

父母在给宝宝做动作的同时，要注意宝宝模仿得是否正确。有的宝宝发育得比较慢，一开始的时候可能只是看看，不会跟着父母做动作，这时候就要求父母要有足够的耐心，反复做这个游戏，慢慢地宝宝就会跟着一起做了。

摸摸小玩具

●开发目标

帮助宝宝认识和了解不同物体间的特性，锻炼形态认知能力。

●互动游戏

妈妈为宝宝找来各种质地的物品，如木制的拨浪鼓、小毛巾、布娃娃等。将这些东西逐个放入宝宝的小手内，让宝宝握住，并告诉宝宝这些不同质地的东西。比如，将小布娃娃放入宝宝的小手内时，对宝宝说："这是可爱的布娃娃，是布做的，是不是非常柔软？"

专家提示

父母要培养宝宝的形象思维能力，就要注意与具体的形象相结合，所以应该有意识、有计划地给宝宝安排一些富于思维能力的活动，使其在游戏中逐渐提高形象思维智能。

形状各异的积木

● **开发目标**

训练宝宝的图形认知能力。

● **互动游戏**

妈妈准备形状各异、色泽鲜艳的积木，然后将积木给宝宝。

宝宝看到积木后会用手抓握或敲打，妈妈在旁边指导宝宝，告诉宝宝拿起的积木是什么颜色、什么形状。通过分析手中的积木形状，然后再找积木形状轮上的洞穴的形状，一一对应放进去。

专家提示

用图形代替语言来训练宝宝的形象思维，是个非常好的方法。对孩子讲解问题时，要多利用图形来讲述，易于理解。宝宝从 4 个月起，就逐步有了色彩和立体感，通过这个游戏，能促进宝宝对各种形状和颜色的认知能力。

看图游戏

●开发目标

强化宝宝对基本图形的认知，发展图形认知能力。

●互动游戏

妈妈为宝宝准备一些色彩鲜艳、图形较大的婴儿画报，可以是图形，如彩色的大三角形；也可以是图画，如一个颜色鲜艳的苹果。

给宝宝看图时，开始先看一些简单的图形、图画，如一个圆、一只小狗等，并告诉宝宝看到的是什么。再慢慢看一些复杂一点的画报，如含景色、花草等内容的画报。

专家提示

宝宝现在对一些基本的图形已经具有认知能力了，如圆形、方形、三角形等。游戏要强化一下宝宝对简单图形的认知能力，与其他图画一起看还能训练宝宝对各种图形、图画的辨别能力。

空间思维智能开发

宝宝刚出生时，大多数时间都躺在床上，活动能力不强，这时父母应该通过玩具来激发宝宝的注意力，有意识地训练宝宝的空间方位感，让宝宝理解简单的空间方位：左右、上下。

认认上下左右

●开发目标

帮助宝宝辨别上、下、左、右等方位，提升空间位置判断能力。

●互动游戏

妈妈每只手拿一个小玩具，两个玩具的颜色要具有明显的对比度。

先将其中一个小玩具举在宝宝面前，距离把握在离宝宝眼睛约 30 厘米处，然后晃动玩具引起宝宝的注意。举起左手的玩具在宝宝面前晃动时，轻声说："这是左边。"再举起右手的玩具在宝宝面前晃动，并轻声说："这是右边。"在对宝宝说"左右"的时候，要注意与宝宝之间方向的差异。

接着还可以将两个玩具都举起来，一个在上面一个在下面，然后跟宝宝说："现在红宝宝在绿宝宝的上面哦！"不断变换玩具的上下、左右方位。

专家提示

宝宝的空间知觉发展很迅速，特点是从自我出发，所以他们对空间方位的辨别也是以自我为中心的。1个月的宝宝虽然还难以理解左右、上下的概念，但妈妈经常这样陪宝宝练习，就能让宝宝的空间位置、判断能力尽早得到训练和发展。

从高处看世界

●开发目标

激发宝宝的好奇心，提高空间知觉能力。

●互动游戏

抱着宝宝到户外散步，引导宝宝看周围的世界，尤其要看高矮不同的东西，如大树、小草等。将宝宝高高举起，宝宝在高处看到这些事物会更惊奇，并且能逐渐产生高低的概念。如果宝宝还闹着要做，爸爸可以多举高几次，直到宝宝满意为止。

专家提示

宝宝看东西时，都是从低处看，所以从比成人还高的位置看周围的世界，会更让宝宝感到新奇，这将有利于激起宝宝的好奇心和探索精神，扩大宝宝的眼界。更重要的是，这样的游戏能让宝宝逐渐产生高、低等空间概念，提高宝宝的空间思维能力。

纸飞机

●开发目标

锻炼宝宝的空间智能。

●互动游戏

妈妈用鲜艳的彩纸折一些纸飞机，然后拿起红色的飞机给宝宝看，并告诉宝宝："这是红色的飞机。"妈妈将飞机轻轻地抛向前方，然后问宝宝："红飞机飞到哪里去了？"让宝宝指指看。换成另外一种颜色的纸飞机重复这种游戏。

专家提示

尽管宝宝现在还不能完全掌握各种颜色的名称，不过在游戏中，父母可以有意识地强化宝宝对颜色的感觉。同时，游戏中宝宝的视线会追随纸飞机飞行的路线，这就有效地锻炼了宝宝的空间方位认知能力，提高了宝宝的空间智能。

小手去哪儿了

●**开发目标**

发展空间感知能力，用来提高空间智能。

●**互动游戏**

妈妈准备一块浅色的绒布。在宝宝睡醒后，常常会做举起小手或蹬腿的小动作，此时妈妈可以将绒布挡在宝宝的眼睛和小手中间，把宝宝的小手遮住。妈妈用好奇的声音问宝宝："宝宝的小手呢？小手去哪里了？"当宝宝表现出诧异时，妈妈再把绒布拿开，让宝宝看到自己的小手。

专家提示

2个月的宝宝已经开始喜欢玩自己的小手了，妈妈可以通过这个游戏为宝宝创造发展空间智能的机会，逐渐理解自己与空间的关系。同时，此游戏还能帮助宝宝认识自己的手与身体的关系，提高自我认知能力。

舞动膝盖

●**开发目标**

帮助宝宝感受空间移动。

●**互动游戏**

妈妈抱着宝宝坐在椅子上，让宝宝坐在妈妈的膝盖上。

妈妈扶住宝宝，轻轻地重复抬起脚跟再放下，带动膝盖上下移动，宝宝也会随之颠起。妈妈慢慢向左移动膝盖，让宝宝的身体也向左倾斜；再慢慢向右移动膝盖，让宝宝的身体跟着向右倾斜，并对宝宝说："左摇摇，右摇摇，我的宝宝高兴了。"恢复到游戏的初始姿态，让宝宝坐直身体。

专家提示

这个游戏可以让宝宝感受空间方位的变换，促进身体空间知觉的发展。

 创造性思维智能开发

1 岁以内的宝宝，由于动手能力不强，且手眼协调能力有待提高，本阶段多为"观察"，父母应多创造条件和宝宝一起进行一些探索类的游戏，逐步提高宝宝的创造性思维的发育。

伸伸舌头咂咂嘴

●开发目标

培养宝宝的观察与模仿能力，训练创造性思维智能。

●互动游戏

妈妈可以轻轻地抱起宝宝，让宝宝看着你的脸，然后给他示范"伸伸舌头咂咂嘴"的动作，先张开嘴，然后伸出舌头，咂咂嘴儿。

此时宝宝会一直盯着你，你再将动作重复几遍，宝宝就会模仿你张开他的小嘴，把舌头也伸出来。这时妈妈可以教宝宝咂嘴儿，发出细小的声音。

专家提示

游戏中所运用到的模仿技能实际上是宝宝的创造性思维在起作用。宝宝通过观察发现事物的特点，并学着做出相似的动作，这正是观察创造能力的体现。经常与宝宝做这样的游戏，可以使宝宝的右脑得到有效开发。

手指头碰碰头

●开发目标

训练宝宝初步的观察推断能力。

●互动游戏

宝宝仰卧，妈妈伸出一个手指头，给宝宝念儿歌："伸出手指头，见面碰碰头。"同时帮助宝宝伸出一个手指和妈妈的手指"碰碰头"。收回手指，再次念儿歌，"伸出手指头，见面碰碰头。"妈妈伸出一个手指头，重复游戏。以后只要妈妈一念儿歌，并伸出手指，宝宝就会伸出自己的小手指来玩"碰碰头"。

专家提示

这个游戏不仅能锻炼宝宝的手眼协调能力，更能初步锻炼宝宝的创造性思维，刺激宝宝的观察推断能力。

脱帽子游戏

●开发目标

训练宝宝解决问题的能力，同时提高生活自理能力。

●互动游戏

妈妈给宝宝戴上帽子，对宝宝说："宝宝的帽子好漂亮！能不能拿下来给妈妈看看呀？"由此鼓励宝宝将帽子摘掉。如果宝宝做不到，妈妈可以握住宝宝的小手，和宝宝一起把帽子摘下来。几次训练后，宝宝就能自己戴摘帽子了。

专家提示

到了第 10 个月，宝宝开始有意识地将帽子摘掉交给父母。宝宝还会模仿父母，将帽子到处乱挂。妈妈可给宝宝准备一个专用的挂钩，引导宝宝将帽子挂上去。经常这样鼓励宝宝，能培养宝宝的自理能力，训练宝宝的创造性思维。

开盖找玩具

●开发目标

培养宝宝分析事物规律的能力。

●互动游戏

当着宝宝的面把一个小玩具放到盒子里，并把盒子的盖子盖上。打开盒子，把玩具取出来，然后再放进去，并把盒子盖好。把盒子交给宝宝，并对宝宝说："宝宝，把玩具拿出来吧。"并引导宝宝打开盖子取出玩具。如果宝宝兴致不高的话，父母也可以把玩具换成宝宝喜欢的食物。当宝宝把食物拿出来的时候，父母除了夸奖宝宝之外，也可以让宝宝吃一点食物，激发宝宝继续游戏下去的热情。但不要给宝宝吃太多，以免宝宝吃不下饭或者胀肚。

专家提示

重复做这个游戏。宝宝通过观察，会记住并分析出取到物品所要做的动作，从而培养了宝宝观察和分析事物的能力。

在宝宝已经能很熟练地完成这个游戏之后，父母可以将此游戏延伸。父母可以分别拿出装糖果的盒子和装玩具的盒子，在宝宝面前将物品取出，让宝宝把玩之后，再放回盒子里。示范一次之后，再让宝宝模仿父母将物品装到相应的盒子里。这样还能够增加宝宝的生活自理能力。

肢体协调智能开发

宝宝在父母的引导下，逐渐学会抬头、匍匐、爬行、站立，到 1 岁左右的时候，宝宝已经能独立站立，并能扶着物体自己迈步了。这个过程对父母来说都是充满惊喜的，父母应大胆地让宝宝多做些尝试。

蹬蹬脚抓玩具

●开发目标

训练宝宝的手眼协调能力，锻炼身体。

●互动游戏

在宝宝的摇篮上方，低低地垂下一些色彩鲜艳的小玩具，逗引宝宝伸出小手来抓。

当宝宝能从正前方抓到小玩具后，再将玩具移到其侧面摇晃，逗引宝宝继续从侧面抓。当宝宝能熟练地抓到后，再将玩具移到宝宝的脚部，逗引宝宝用脚蹬。

宝宝开始可能抓不到或蹬不准，妈妈要给予宝宝一定的帮助，抬高宝宝的小手去触碰玩具。然后可以试着在宝宝用手要抓住玩具的一瞬间，将玩具突然提高。这样，宝宝的兴趣就会被激发出来，慢慢的宝宝就学会用小手去抓或伸着小脚去蹬小玩具。

专家提示

2 个月宝宝的肢体协调智能的提高主要通过学习一些基本的动作，如翻、坐、爬、抓、蹬等，让身体的控制能力得到提高，使身体得到平衡，并学会控制自己的双手和双脚等，以此锻炼宝宝的手部和脚部的力量和灵活性。

宝宝翻身 90°

●开发目标

让宝宝把翻身 90° 的动作由无意上升到有意，由身体重心偏移决定变为自主决定。

●互动游戏

妈妈拿着玩具或镜子站在宝宝的左侧面，用玩具或用声音逗引，或用镜子吸引宝宝转过来；如果宝宝的身体不会侧转，妈妈可以帮助宝宝先将右腿搭到左腿上，接着逗引宝宝，让宝宝将头转过来，轻轻推宝宝的右肩，使宝宝翻到左侧。经历侧卧的宝宝，很快就会将身体还原到仰卧，或再使劲成为俯卧。

专家提示

宝宝到了 3 个月左右，就能逐渐从平躺的姿势转换成趴着的姿势或者由仰卧翻到侧卧了，这时父母要留心帮助宝宝做这类运动，提高宝宝的运动智能。

匍匐爬

●开发目标

增强颈部支撑力，锻炼腿、膝盖、臂、胸、背肌肉的支撑力和平衡能力。

●互动游戏

让宝宝俯卧在床上，妈妈帮助宝宝支起双手，再用膝盖支撑着身体。此时爸爸拿玩具在宝宝前面引逗，妈妈在后面先挪动宝宝的一条腿到腹下，然后再挪另外一条腿，两条腿并齐后，再重复进行，帮助宝宝向前爬行，抓到玩具。

专家提示

扭动、匍匐爬行，能帮助宝宝的大脑形成突触，以控制将来整体运动智能的发展。而且，宝宝在练习爬行时，头颈抬起，胸腹离地，用四肢支撑身体重量，这也锻炼了胸腹背与四肢的肌肉，促进了骨骼生长。

蹲下捡玩具

●开发目标

平衡身体，促进身体各部位的协调能力。

●互动游戏

宝宝会单手扶着物品走路时，妈妈可以将玩具放到宝宝的脚旁，引诱宝宝蹲下来捡玩具。宝宝会一只手扶着东西蹲下来，另一只手去捡玩具，然后再站起来。有时宝宝会因急着捡玩具而摔倒，妈妈要在一旁看护并帮助宝宝来完成。

专家提示

8个多月的宝宝学会自己扶着东西，双脚分开并努力要站起来。到了第10个月，宝宝学会双手扶着东西站立并学走路，接着就可单手扶物向前移动，这时可教宝宝蹲下再站起来的动作。蹲下捡物是应用上下肢协调及手、眼配合较复杂的运动，每个宝宝的成长规律不同，如果宝宝还不会，妈妈只要耐心教导，过一些时日宝宝也一定能学会。

推车练习

●开发目标

锻炼宝宝的腿部肌肉，训练宝宝以后走路时肢体的协调性。

●互动游戏

妈妈拉着推车，再让宝宝抓住车的另一端，慢慢向后退，接着引导宝宝跟着自己的脚步慢慢地向后退，一边退一边鼓励宝宝："宝宝真的好棒啊，走得非常漂亮！"再稍稍改变后退的方向，慢慢拉着推车做弧线运动，提高宝宝的灵活性。

专家提示

腿部动作的发展对宝宝的成长有着重大意义，在腿部肌肉发展的早期，适当的训练可以促进腿部肌肉和骨骼的生长，为宝宝以后顺利走路作准备。

5 人际关系智能开发

宝宝出生就会用哭声和肢体来表达自己的情感和想法，这是宝宝最基本的情感表达能力。这个阶段，宝宝接触最多的就是父母，父母要多陪伴宝宝，让宝宝逐步了解自己的能力，有意识地用肢体表达情感。

交朋友

●开发目标

培养宝宝的社会交往能力，减轻怯生程度。

●互动游戏

和小伙伴刚见面时，父母要鼓励宝宝与另一个宝宝相互握握手，熟悉一下。让宝宝对小伙伴点点头，或拍拍手表示欢迎。引导宝宝和其他小朋友交换玩具，并让他们点头表示谢意。让宝宝和其他宝宝在地毯上互相嬉闹，一起游戏。小伙伴们分手时，让宝宝挥手表示再见。

专家提示

八九个月的宝宝对陌生的成人普遍有怯生的现象，但他们较易接受同龄的陌生小伙伴。因此，父母应有意识地让宝宝与同龄孩子多接触，训练宝宝与同伴的相处能力，积累交往经验。如果宝宝和小朋友在一起玩耍的时候遇到了困难，请妈妈不要马上出手相助，而是应当鼓励宝宝自己克服困难，渐渐养成宝宝自己解决问题的好习惯。

亲一亲 抱一抱

●开发目标

培养宝宝初步的社会交往经验，减缓“怯生”心理。

●互动游戏

抱着宝宝自然地与生人交谈，将生人介绍给孩子：“宝宝，这是阿姨，阿姨可喜欢宝宝啦。”等宝宝对生人的惧怕情绪减弱后，再将宝宝让生人抱一会儿。生人抱着宝宝时，妈妈可以藏在生人背后，轻轻地叫宝宝的名字，再从一侧探出头去，引导宝宝寻找妈妈，让宝宝体会到和生人一起游戏的乐趣。

专家提示

4 个月的宝宝表情逐渐丰富起来，会有意识地哭和笑。此时，宝宝很喜欢别人逗他，且有了记忆。同时，宝宝开始躲避生人，但认生程度还不太强烈，试着用一些小玩具和小游戏减轻宝宝的戒备心态。父母应抓住这一时期，扩大宝宝的交往范围，让宝宝多接触生人及同龄小朋友，丰富社交经验。

亲亲妈妈

●开发目标

增强亲子关系，能促进宝宝与他人交往的能力。

●互动游戏

当妈妈下班或从外边回来后，家里的照料者要抱着宝宝迎上去，并告诉宝宝：“妈妈回来了，宝宝瞧瞧，妈妈回来了。”让宝宝亲一下妈妈后再将宝宝交给妈妈。妈妈接过宝宝后，要对宝宝说：“宝宝，叫妈妈。”同时耐心地教宝宝发出“ma”的音节。

专家提示

父母需要利用一切机会，要与宝宝进行亲切的对话，因此可以给宝宝创造良好的生活氛围。同时，在与宝宝的交谈中，还能增强与宝宝之间的感情，使宝宝乐于与他人交往。

好宝宝懂礼貌

●开发目标

促进宝宝与他人交流的能力，同时提升语言理解力。

●互动游戏

阿姨递给宝宝一件他喜欢的玩具，当宝宝伸手拿时，妈妈在一旁说："谢谢。"并点点头或做鞠躬的动作，同时逗引宝宝模仿妈妈的动作。如果宝宝按要求做了，要亲亲宝宝表示鼓励。

专家提示

这个时期，宝宝能用一些呀呀的话语问候别人，并能把欢快的声音与微笑、愤怒的声音与愁眉苦脸联系起来，通过听、看等方式丰富自己的交往经验。经常在特定场合与宝宝说"谢谢"、"您好"、"再见"等礼貌用语，久而久之宝宝就能记住这些语言，并逐渐理解。

学会分享

●开发目标

训练宝宝给别人递物品，提高宝宝的社交能力，扩大宝宝的生活空间。

●互动游戏

妈妈坐在床头，然后对宝宝说："宝宝把那边的小熊玩具给妈妈拿来。"妈妈一边说话时最好一边做动作，以帮助宝宝理解，宝宝明白妈妈的意思后，就会爬过去将玩具拿给妈妈。

妈妈接过玩具时，别忘了要夸奖宝宝:"宝宝真能干。"得到妈妈的夸奖，宝宝会更愿意帮妈妈拿东西。也可以让宝宝拿两件东西给爸爸和妈妈分一下，比如拿两个苹果，一个给爸爸，一个给妈妈。宝宝有时会舍不得给，这时父母不妨拿一件宝宝喜欢的玩具和宝宝交换。

专家提示

从小和宝宝玩这样的游戏，可帮助宝宝养成愿意与人分享的好习惯，而且宝宝也能在游戏中体会到帮助别人的快乐。

视觉记忆智能开发

宝宝在新生儿期，视觉能力就发育得很快，这个时期他看到最多的就是父母，所以父母应多多陪伴在宝宝身边，让宝宝牢牢记住自己，并通过游戏循序渐进地锻炼宝宝的视觉能力，让宝宝认识不同形状和颜色。

洞洞纸盒

●开发目标

锻炼视觉的观察与判断能力。

●互动游戏

给宝宝找一个纸盒子，在盒子的外面画上许多圆圈，同时也在圆圈中戳七八个大小一致的洞，和宝宝一起找哪个圆圈是可以戳的，并对宝宝说：“宝宝快来找一找，看看哪个圆圈是洞洞。”妈妈可以在另一面也戳进手指，当宝宝戳进食指时，妈妈要说：“食指你好啊！”然后握握宝宝的手指。

专家提示

近 10 个月大的孩子可用自己的手指进行很多不同的探索。这个游戏可以锻炼宝宝手指的独立动作，也锻炼宝宝手眼的协调性以及宝宝的视觉判断能力。

拉窗帘

●开发目标

锻炼宝宝对光线刺激的反应能力。

●互动游戏

在宝宝醒着的时候，将房间的窗帘反复几次开合，也可以反复将房间的台灯打开，或者打开手电筒照射墙壁，看看宝宝是否会将头转向有光线的方向，被光线吸引。

专家提示

宝宝在出生的第一个月主要是适应外界环境，发展各种感觉器官。因此，要给予宝宝适当的活动和不断的刺激，促进宝宝的智能发育。

出生不久的新生儿对光线是比较敏感的，适当的光线刺激能发展宝宝的视觉能力，同时也能判断宝宝的视觉是否正常。

注意不要让过强的阳光照射宝宝，也不要让灯光直射宝宝的眼睛，以免宝宝的眼睛受伤。

追视会动的东西

●开发目标

丰富宝宝的视觉经验，帮助宝宝认识更多的事物。

●互动游戏

让宝宝舒服地躺在床上，妈妈用一个色彩鲜艳，或带有响声的玩具逗引宝宝，使宝宝的眼睛跟着玩具看，注视玩具。过一会儿，再换另一个玩具在宝宝面前逗引宝宝，此时宝宝的视线就会由一个玩具转移到另一个玩具上。在给宝宝玩此游戏时，最好不要与宝宝谈话，或因宝宝注意人脸而受到干扰，要尽量让宝宝的注意力都集中在玩具上。

专家提示

出生 2 个月的宝宝，两眼能共同注视同一个物体，且喜欢图案、颜色和形状更为复杂的东西。到 2 个月末，宝宝会更喜欢被竖着抱起来，视野会更开阔。大人要多创造机会让宝宝看看外界的各种事物，采取循序渐进的方法训练宝宝，帮助宝宝发展视觉。

奇妙的镜子

●开发目标

训练宝宝的视觉能力，同时发展宝宝的自我意识。

●互动游戏

妈妈可以把宝宝抱到梳妆镜前，让宝宝从镜子里看到自己。并试着通过各种动作，让宝宝了解自己的外形长相。

宝宝笑时，镜中的宝宝也笑；妈妈拉着宝宝的手去摸镜子，镜中宝宝也照样伸手；妈妈对着镜子做鬼脸，镜中的妈妈也做鬼脸；宝宝开始用头去碰镜子，用身体去撞，用脚去踢，在镜前做各种动作。妈妈告诉他“这是宝宝，那是妈妈”。

专家提示

让宝宝照镜子，并引导宝宝对着镜子做动作，再让宝宝摸摸镜子，让宝宝感受到玻璃的触觉刺激，对培养宝宝的视觉和触觉都是有帮助的。

巧变魔术

●开发目标

训练宝宝的视觉观察能力。

●互动游戏

抱着宝宝坐在地上，在眼前一会儿放一个苹果，一会儿放一个奶瓶，过一会儿再放一个食品盒，看看宝宝是否能马上发现眼前的东西变了，看看宝宝对哪件东西更感兴趣。妈妈还可以拿一个小硬币放在地上，过一会儿将硬币旋转起来，并说："转转转。"待硬币倒下后，用宝宝的小手将硬币按住，并说："停！"

专家提示

宝宝的视觉有了进一步发展，他的眼睛也能随着活动的玩具移动。看到移动的玩具，宝宝也会想伸手去触摸，去抓拿。和宝宝玩这样的游戏，因为眼前物品不断变化，会让宝宝感到特别新鲜，也能吸引宝宝的视觉注意力。在游戏过程中，宝宝就会慢慢学会用抬头、低头、转头等头部活动来扩大视觉范围，追寻自己要观察的事物。

胡萝卜糊

原料

胡萝卜碎…………………100克
粳米粉……………………80克

做法

1 备好榨汁机，倒入胡萝卜碎，注入清水，盖好盖子。

2 选择第二档位，待机器运转约1分钟，搅碎食材，榨出胡萝卜汁。

3 断电后倒出汁水，装在碗中，待用。

4 把粳米粉装入碗中，倒入榨好的汁水，边倒边搅拌，调成米糊，待用。

5 奶锅置于旺火上，倒入米糊，拌匀，用中小火煮约2分钟，使食材成浓稠的黏糊状即可。

烹饪技巧

胡萝卜中的脂溶性维生素必须在油脂中才能被消化吸收，妈妈在制作本品时可加2滴植物油。

南瓜米粉

南瓜……………………300 克
米粉……………………20 克

做法

1. 洗净去皮的南瓜切成片，待用。
2. 蒸锅上火烧开，放入南瓜片，盖上锅盖，用大火蒸 30 分钟至其熟软。
3. 关火后揭开锅盖，将南瓜片取出，放凉待用。
4. 将少量凉开水倒入米粉中，搅拌均匀，待用。
5. 用刀将南瓜压成泥状，放入米粉中，搅拌均匀，注入适量沸水，边倒边搅拌。
6. 将拌好的米粉装入碗中即可。

烹饪技巧

妈妈在制作这道辅食时，可根据宝宝月龄和发育情况决定加水量，以调制不同的稠度。

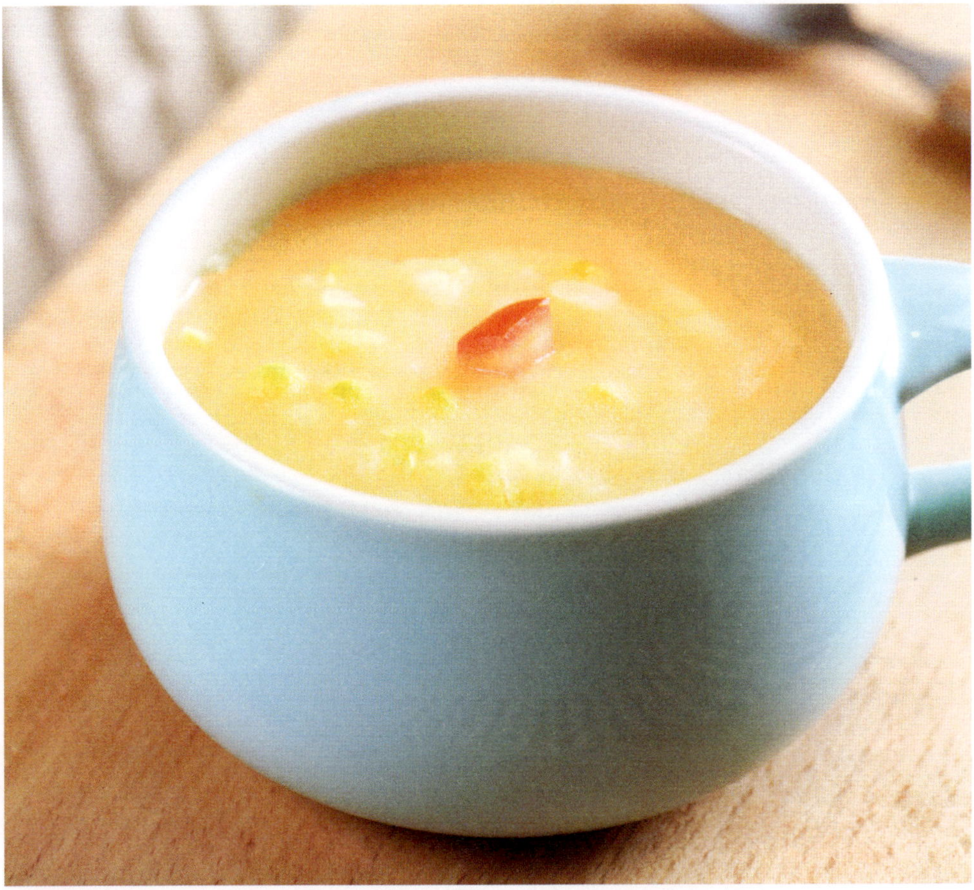

玉米苹果羹

玉米碎……………………50 克
西红柿……………………1 个
苹果………………………1 个

切好的苹果泡在水中，既能防止被氧化，又能保持更多的水分。

1 去皮洗净的苹果切开，去核，切成小瓣，再切成丁浸于清水中，备用。

2 洗净的西红柿去蒂，切成小块。

3 锅中倒入约 800 毫升清水，用大火烧开；再放入玉米碎，慢慢搅拌均匀。

4 盖上锅盖，煮沸后转小火煮 20 分钟至玉米碎熟透。

5 揭开盖，搅拌几下，倒入切好的苹果、西红柿，拌匀，续煮片刻。

6 盛出煮好的玉米苹果羹，放入碗中即成。

葡萄干土豆泥

葡萄干……10粒
土豆……半个

1 土豆洗净去皮，切成小块，放入蒸锅中蒸熟后捣成泥。

2 葡萄干用温水泡软，切碎。

3 锅中注水煮沸，倒入土豆泥、葡萄干。

4 煮沸后转小火煮3分钟，关火盛出即可。

捣烂土豆泥需要耐心，没有葡萄干也可以用蔓越莓干来代替。

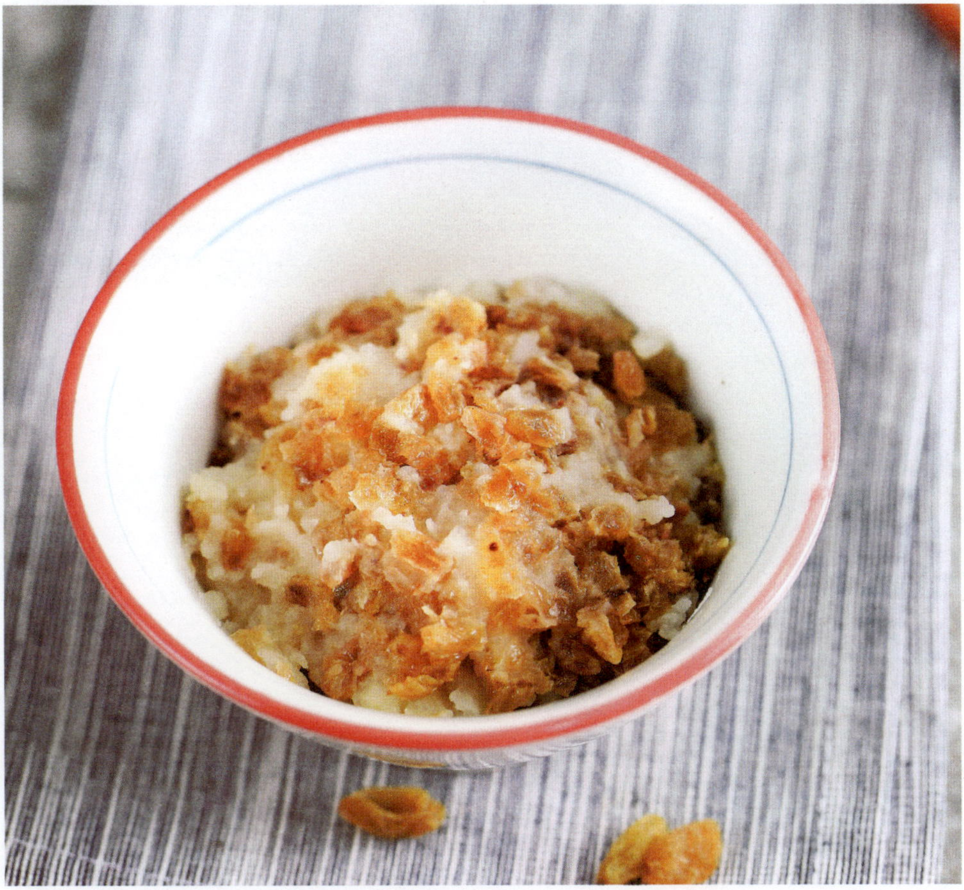

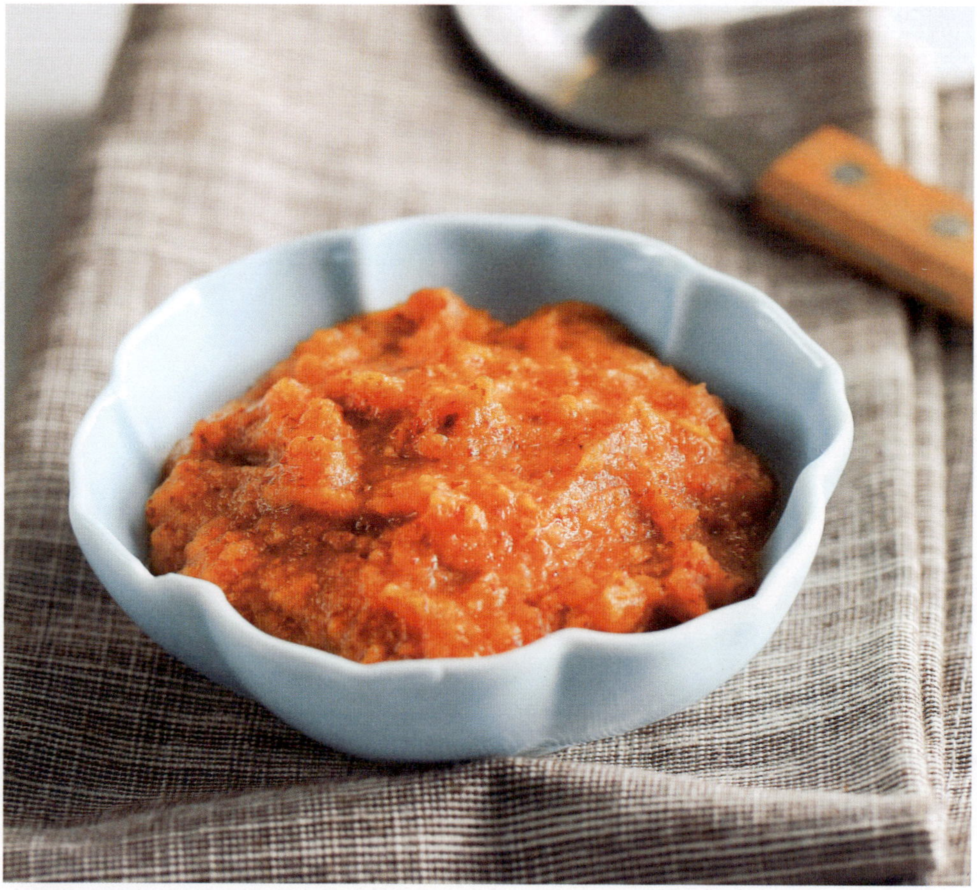

红薯红枣泥

红薯…………………………半个
红枣…………………………4 颗

将红薯切小点可以缩短蒸的时间，如果喜欢浓浓的甜味，可以放少许红糖调味。

1 红薯洗净去皮，切成小块。

2 红枣洗净去核，切成碎末。

3 将红薯块、红枣末分别装入碗中，放入蒸锅中蒸熟。

4 取出蒸熟的红薯和红枣放入碗中，加入适量温开水捣成泥即可。

竹笋肉羹

胡萝卜丝......................30 克
竹笋、肉末............各 50 克
鸡蛋..............................2 个
柴鱼、油菜............. 各适量

竹笋焯水后可去掉涩味；煮汤的清水可用高汤代替，口感更美味。

做法

1 鸡蛋打散、搅匀；肉末加盐、一半蛋液搅成肉馅。

2 锅内加水，放入竹笋丝和柴鱼片，煮 15 分钟。

3 加入胡萝卜丝、油菜段，煮沸后加入肉馅，边煮边搅拌。

4 煮沸后用水淀粉勾芡，再倒入剩余蛋液。

5 加盐和醋调味即可。

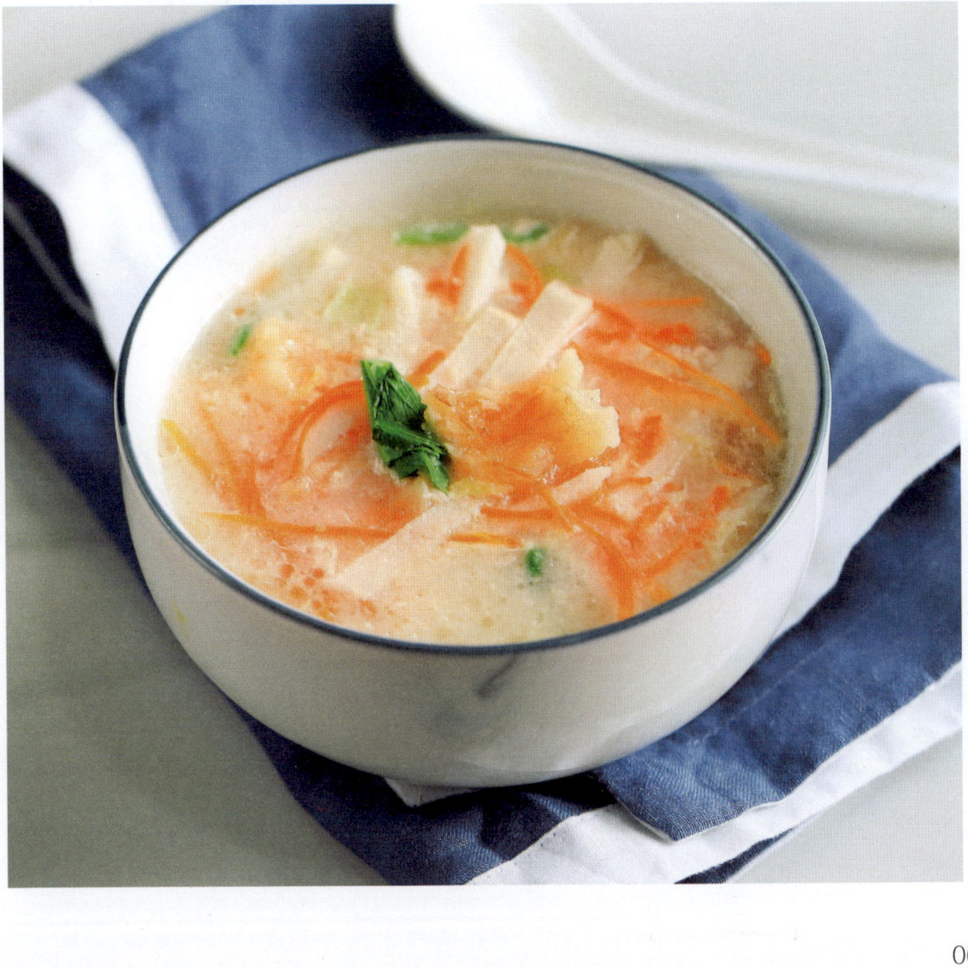

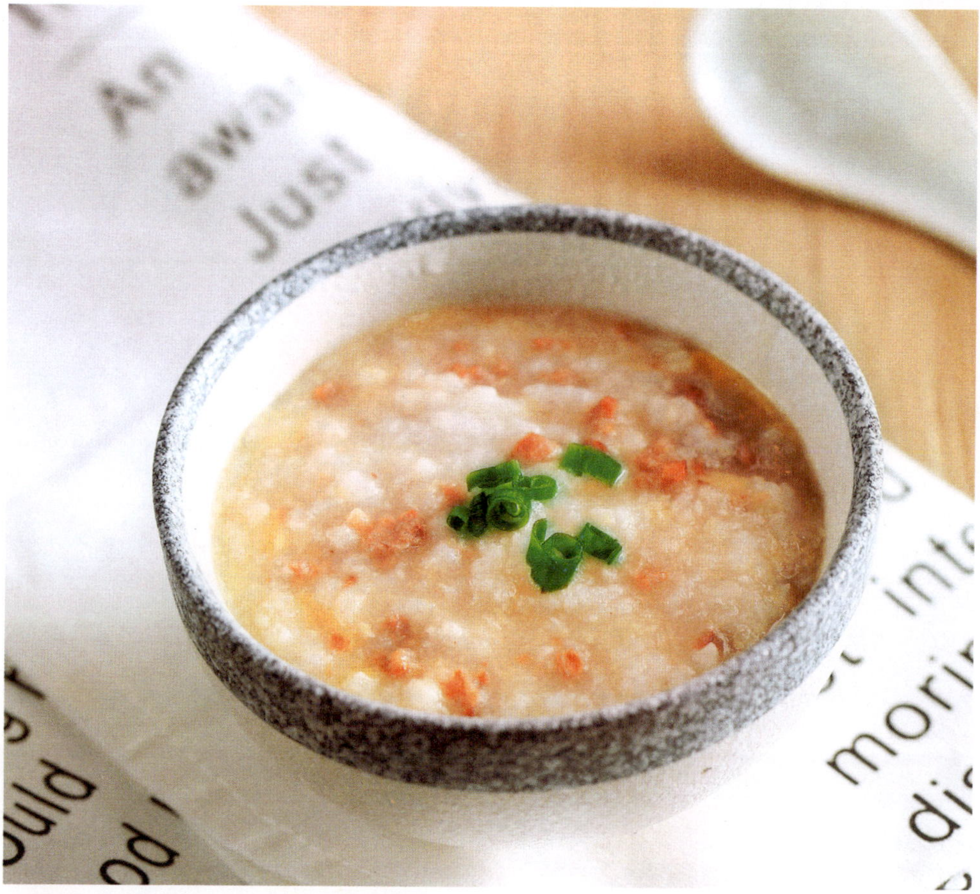

滑蛋牛肉粥

大米……………………100 克
牛肉……………………50 克
鸡蛋……………………1 个
高汤……………………500 毫升

熬粥时往洗净的米中加入少许食用油，煮熟的粥会更香浓。

1 嫩牛肉洗净切片，用胡椒粉、盐、水淀粉、嫩肉粉腌渍 10 分钟。

2 鸡蛋打散成蛋液；大米用水泡半小时。

3 锅置火上，放入高汤、大米，大火煮沸后转小火熬煮 40 分钟。

4 加入牛肉片，煮沸，淋入蛋液，顺时针搅开即可。

牛奶土豆泥

土豆……………………1个
牛奶……………………半杯
白砂糖…………………少许

1. 将土豆洗净去皮，切成薄片，装入盘中待用。
2. 把土豆放入清水中煮20分钟左右，取出。
3. 取出蒸熟的土豆捣成泥。
4. 取干净奶锅，加土豆泥、牛奶，搅匀，加入白砂糖，搅匀。
5. 关火后取小碗盛出即可。

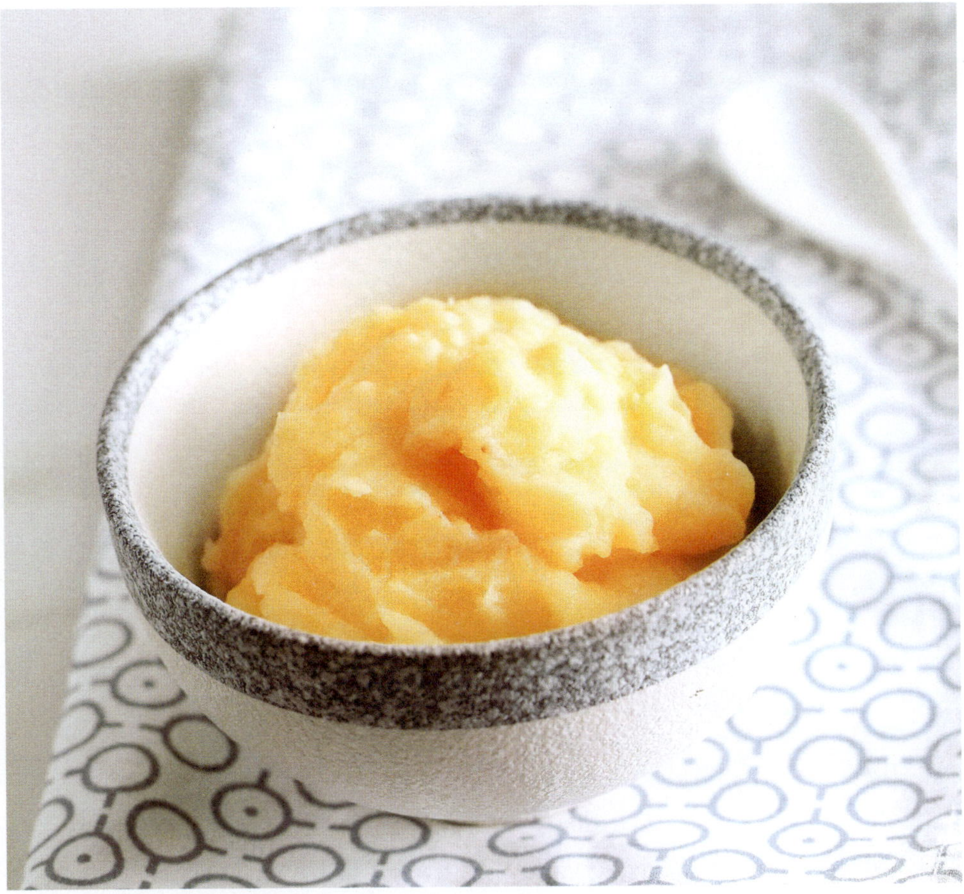

切好的土豆可在冷水中浸泡片刻，味道会更好。

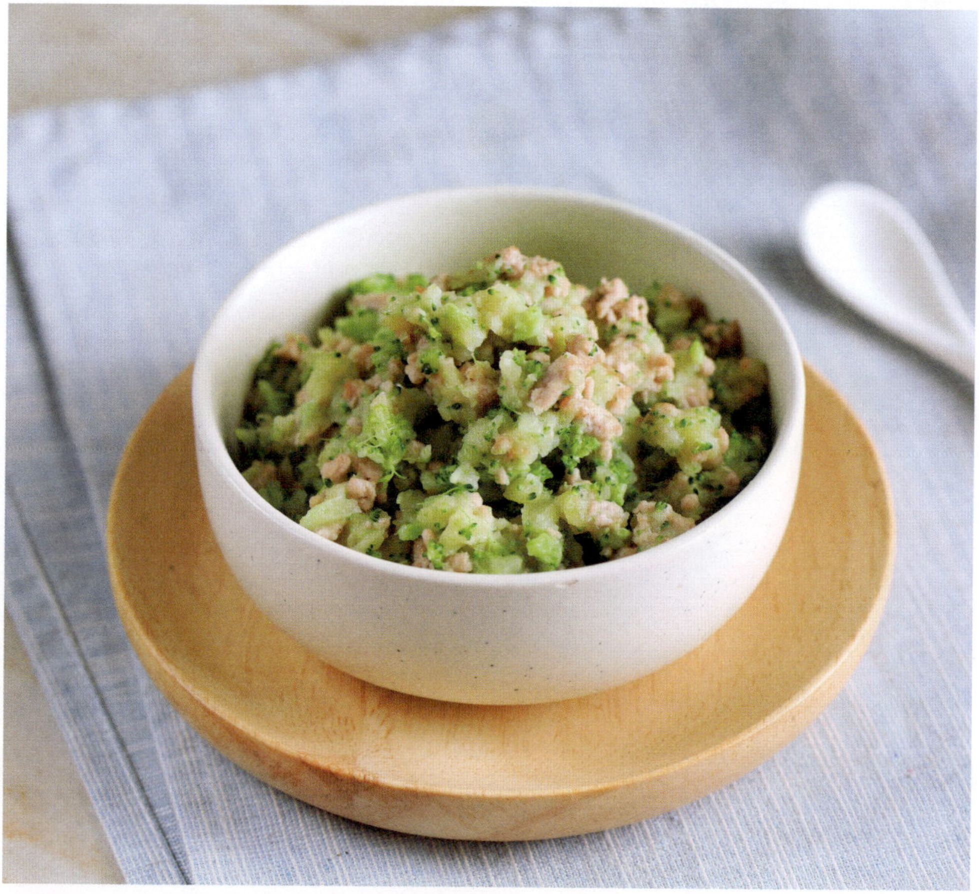

西蓝花土豆泥

西蓝花…………………………50 克
土豆………………………… 180 克

1 西蓝花用沸水焯煮 1 分 30 秒，捞出备用。

2 将去皮洗净的土豆切成块，放入烧开的蒸锅中，用中火蒸 15 分钟至其熟透。

3 把土豆块取出，用刀背将土豆块压碎成泥，将西蓝花剁碎。

4 取一个干净的大碗，倒入土豆泥、西蓝花末，用小勺子拌匀即成。

土豆泥中也可以放入胡椒粉，按照各人喜好随意添加。

肉松鸡蛋羹

鸡蛋……1 个
肉松……30 克
葱花……少许

搅拌蛋液时可以放入少许白糖，能起到提鲜的作用。

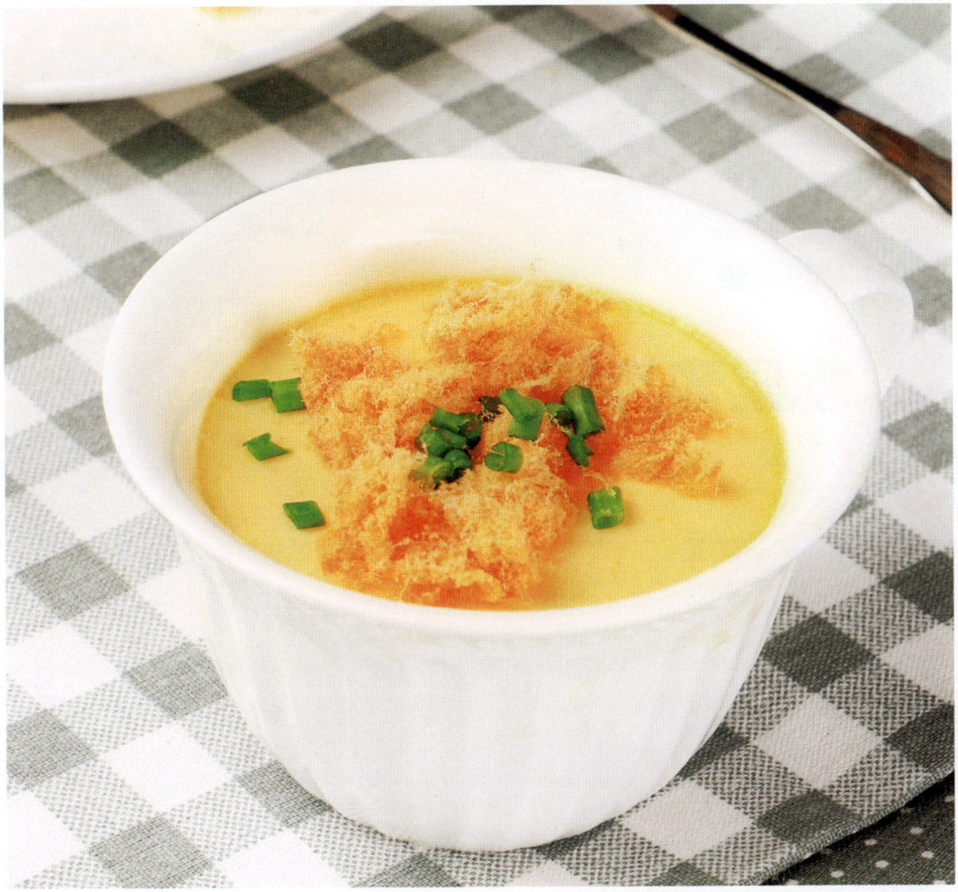

1. 取茶杯或碗，打入鸡蛋。
2. 注入 30 毫升左右的清水，将鸡蛋打散成均匀蛋液，封上保鲜膜，待用。
3. 锅中放入蒸盘，注水烧开，放上蛋液，用大火蒸 10 分钟成蛋羹。
4. 取出蒸好的蛋羹，撕开保鲜膜，撒上肉松、葱花即可。

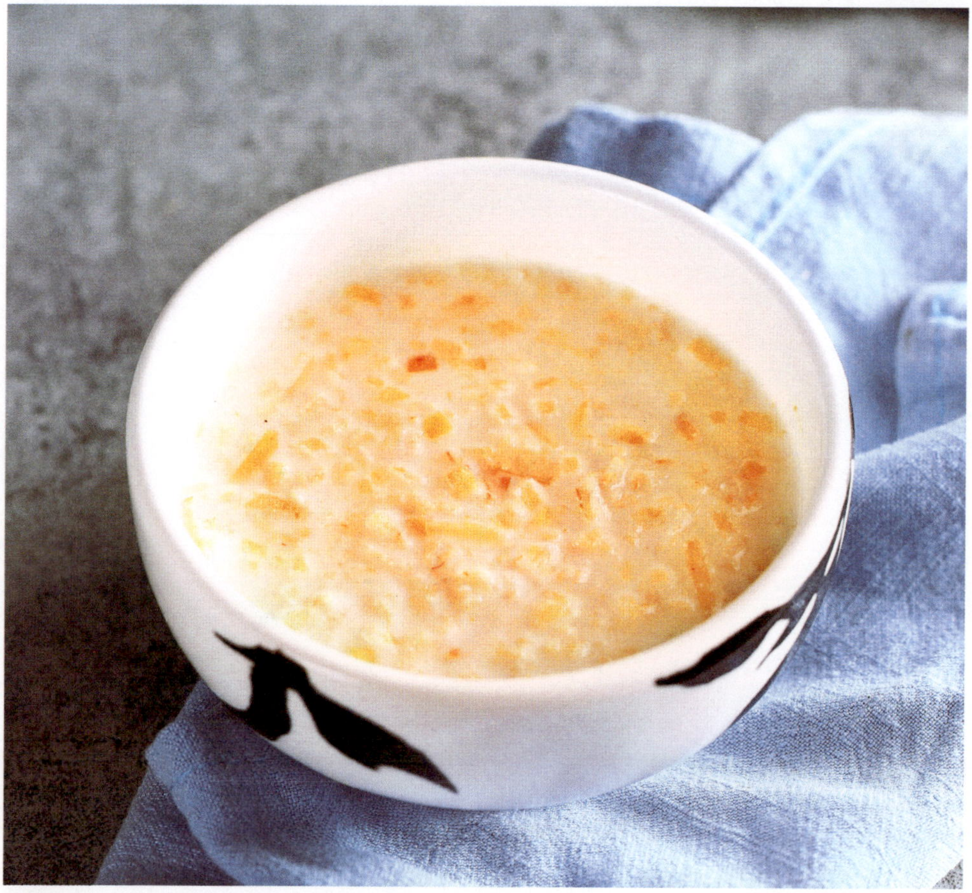

水果麦片粥

麦片……………………………80 克
牛奶……………………………100 克
苹果……………………………50 个

1 苹果洗净去皮，去核，切成小丁。

2 锅中注入适量清水烧沸，倒入麦片、苹果煮约 2 分钟。

3 再倒入牛奶，小火煮沸。

4 关火盛出即可。

待麦片苹果糊微凉后再倒入牛奶，以免破坏了牛奶中的蛋白质。

高粱米粥

原料

高粱米……………………30 克
红枣……………………10 颗
牛奶……………………适量

烹饪技巧

红枣有很好的补血功效，非常适合宝宝食用，可以很好地补充元气。

做法

1 高粱米洗净，放入锅中炒黄。
2 红枣洗净去核，放入锅中炒焦。
3 将炒好的高粱米、红枣一起研成细末。
4 每次取半勺，加入牛奶同煮。
5 每日进食 2 次即可。

PART 3

1～2岁：语言能力 Up！在摸爬滚打中成长

进入一岁的门槛，大部分宝宝开启蹒跚学步的世界，从爬行到直立行走，宝宝的活动范围慢慢扩大，对外部环境的好奇也增强，他们迫切希望通过语言表达自己的诉求。此时父母要细心倾听，耐心教导，使宝宝拥有良好的品德与自信的人格。

左脑开发方案

语言智能

1 ~ 2 岁是宝宝语言发展最为迅速的时期，父母要鼓励孩子发音，创造更多交流的机会，营造轻松的话语环境。可通过多种游戏让宝宝积极表达自己的思想与要求，并在游戏中指正其发音或表述的正误，提升宝宝的语言表达能力。

和玩具熊聊天

●开发目标

让宝宝学会说话。

●互动游戏

妈妈准备好一个宝宝喜欢的玩具熊，让自己扮作玩具熊，一边让玩具熊做动作，一边给玩具熊配音，并引导宝宝和玩具熊说话，并鼓励宝宝积极回答和提问，从而学会说话。

“宝宝你好，我是玩具熊。”妈妈可以一边说，一边观察宝宝的反应。接着说：“你好可爱呀，我们可以交个朋友，一起玩耍吗？”

此外，妈妈可以多准备一些其他玩具，通过角色扮演展开像“你好”、“你好可爱”、“你很乖”等简单的打招呼、赞美鼓励的会话，并一步一步引导宝宝同它们说话。

专家提示

此时宝宝可能还不太会表达，若是能发出简单的咿咿呀呀的声音，也同样值得高兴，说明这样的聊天激起了他说话的欲望。另一方面，妈妈可能无法听懂宝宝的话语，无法理解他的意思，但这样的说话机会，是有利于宝宝的语言智能发展的。

“不”和“是”

●开发目标

让宝宝初步掌握用肯定和否定表达他的意愿。

●互动游戏

“啊”“咿”这些象声词似乎是宝宝最开始使用的交流语言。这些词语一般出现在宝宝要东西或者让别人干什么的情景中，父母在满足他的要求时，也要引导宝宝表达“是”或“不”。如果宝宝说“啊！”并且手指奶瓶，意思可能是他想要，此时妈妈可将奶瓶拿在手上，并问宝宝：“你是不是想要奶瓶”，当宝宝不能及时回应时可再一步引导说“是？”、“不是？”多重复几次，要让宝宝说出“是”或“不是”。如果宝宝着急要，又发出“啊，啊”声，妈妈一定要宝宝说“是”，才能递给宝宝。

专家提示

其实日常生活中有很多小瞬间能帮助宝宝学习说话，这些都是锻炼宝宝语言智能和加强与人沟通交流能力的好机会，父母要好好把握，引导宝宝积极地表达自己的想法。

宝宝的学名

●开发目标

让宝宝知道自己的名字。

●互动游戏

妈妈可以给家里的小玩具起不同的名字，当妈妈拿起其中一个玩具时，可以告诉宝宝该玩具的名字。又或者是把所有的玩具摆放好，再说出其中一个玩具的名字，让宝宝把对应的玩具抱起来或者放在你的手中，若宝宝拿错了，需及时指正，并提醒他对应玩具的名字。重复几次之后可以加入宝宝的名字，并把所有玩具的名字和宝宝的名字一一念几遍，加深宝宝的记忆。同时要给宝宝示范喊到他的名字时要说“到”，或者是举起小手。这样宝宝就能够通过游戏记住自己的名字和每个玩具的名字了。

专家提示

分辨出自己的名字和别人的名字是宝宝学会交往的开始，无论是邻居家的小伙伴还是他喜欢的小玩具，用呼喊名字打开彼此交流的大门，让他学会表达、乐于表达。

看卡片认字

●开发目标

训练宝宝认字。

●互动游戏

将家里的物品贴上汉字，像家具、玩具等，这样宝宝就能轻易看到，并反复将上面的汉字读给宝宝听，这样经常接触就会慢慢熟悉。妈妈还可以将汉字制成字卡，让宝宝通过字卡来认、读。当要学习一些有关交通工具的汉字时，妈妈可以拿着自行车、大巴车、火车等玩具，并通过相应的字卡引导宝宝认读。此外那些动物的汉字、书写工具的汉字都可以按照这样的方法训练宝宝认字。

一开始可能收获不大，但经过反复练习，宝宝就会开始认得一些字。此时，可将宝宝较为熟悉的和陌生的汉字区分开来。对那些较为熟悉的汉字，用一两周的时间，在每次游戏的最开始就进行连续复习，然后再学习新的汉字，不断的累积。

专家提示

宝宝认字，往往是从字形来记认，他们动用左脑记住文字的读音，用右脑记住图像。通过该游戏引导宝宝认识汉字、读出汉字，这样不仅可以提高宝宝认字的积极性，宝宝的认字能力与速度也会得到提升。

逻辑思维智能

宝宝在成长的过程中，对周围事物的了解日益加深，并开始对各事物的属性有了简单的认识，并形成自己的判断。此阶段，宝宝的逻辑思维智能发育很快，可以在父母的引导下找出事物之间的联系，并且能解决稍微复杂的问题。

巧取食物

●开发目标

培养宝宝的分析、思考能力。

●互动游戏

妈妈先准备一根绳子和一只带把手的塑料小杯子，并在小杯子中放入宝宝爱吃的食物。

妈妈将绳子的一端系上小杯子的手柄上，然后将小杯子放在宝宝伸手够不到的地方，并将绳子的另一端放在宝宝的面前。妈妈挪到宝宝的身旁，向宝宝演示拉动一端的绳子时装满食物的小杯子就会慢慢靠近。

当这一连贯的动作吸引到宝宝的注意时，宝宝也会想要尝试拉动绳子并且让小杯子中的食物靠近自己。此时妈妈再将绳子的一端放在宝宝的面前，观察着宝宝将其慢慢拉动。

专家提示

在游戏的过程中，宝宝可能会直接越过绳子去拿取食物，妈妈要及时纠正宝宝的行为，引导宝宝通过拉动绳子的办法拿到杯子，才能吃到食物。以此帮助宝宝思考要通过一定的方式才能吃到自己喜欢的食物，让宝宝有初步的分析、思考等相关的逻辑思维能力。

小动物找家

●开发目标

锻炼宝宝的比较、匹配能力。

●互动游戏

妈妈准备好画有小狗、小猪、小松鼠、小兔子、小鱼的图片各一张，并将它们排成一排；还有另外三张纸分别画有猪圈、小河和大树，也将图纸整齐地排在另外一排。

妈妈先把所有的小动物图片指给宝宝看，并告诉：“宝宝，另外的三张是其中三个动物的家，它们迷路了，妈妈先将它们送回家。”妈妈故意把那三个小动物放错，小松鼠放在小河里，小猪放在树上，小鱼放在猪圈里。然后再引导宝宝仔细观察，并问宝宝：“这是它们的家吗？它们住的地方对不对？”

宝宝一时没有想到答案时，妈妈可以引导宝宝描绘一下每个动物应该住在什么地方，这样宝宝经过自己的一番分析就能够轻易得出小动物的家应该是哪一个了。

专家提示

这个游戏可以提高宝宝的综合比较、匹配能力，妈妈应鼓励宝宝说出自己的想法。做游戏时需根据宝宝的能力来选择动物的种类以及数量。

融化的玩偶

●开发目标

培养宝宝的观察能力，增强宝宝对因果关系的理解。

●互动游戏

妈妈可以准备好由色彩鲜艳的果汁冰冻而成的有形状的小冰块，如海豚、小兔子、小猫等；也可以在果汁冷冻前放入小玩具。用盆子装上温水，把冷冻好的小冰块放进盆子里。

妈妈引导宝宝观察冰块在温水中逐渐融化的样子，可以捞起来让宝宝触摸或者是握着一会儿，鲜艳的色彩以及可爱的形状会让宝宝觉得很新奇。当小冰块逐渐化掉时，裹在冰块里的小玩具就会慢慢漏出来，直到最后就只剩小玩具了。

专家提示

宝宝肯定会对逐渐融化的冰块充满好奇，会记住这种现象，并在大脑中形成疑问接着进行思考，这对于训练宝宝的逻辑思考能力很有帮助。

给扑克牌找朋友

●开发目标

提升宝宝对颜色、图形、数字的识别和分类能力，锻炼宝宝的逻辑思维和概括能力。

●互动游戏

准备好一副扑克牌，妈妈先拿出牌中的“J”，然后问宝宝：“这个是什么颜色？宝宝能在其他扑克牌中找到它的朋友吗？”引导宝宝在扑克牌中找出其他三个“J”。

妈妈也可以引导宝宝对桃心、方块等图形的扑克牌进行分类。

专家提示

分类活动体现了宝宝的分析、概括能力。通过对数量众多的扑克牌进行归类，也培养了宝宝的耐心。

数学智能开发

此阶段大多数的宝宝已经能够完全明白 1、2、3 等简单的数量词，他们已经可以背数了，可以区分多与少，也开始使用一些与数量有关的词语，如许多、很少等。此时，父母要积极地通过游戏激发宝宝对数字的兴趣，增强宝宝对数的概念。

排序游戏

●开发目标

培养宝宝对颜色的认知能力以及对数量的感知能力。

●互动游戏

妈妈准备三辆不同造型、不同颜色的玩具车，再准备一个硬空心纸筒作为“山洞”使用，其宽度以能让小汽车穿过为宜，长度超过三辆小汽车的长度。

妈妈用线将三辆小汽车连在一起，让宝宝留心观察。然后将汽车拉进纸筒，并提醒宝宝注意是什么颜色的汽车先开进“山洞”的，第二辆开进“山洞”的汽车是什么颜色，最后开进“山洞”的汽车是什么颜色。当汽车全部拉进纸筒后停下来，问宝宝：“汽车出山洞了，宝宝来猜猜第一辆出来的汽车是什么颜色？”“第二辆是什么颜色？”“第三辆呢？”

专家提示

此游戏能帮助宝宝学习排序，让宝宝感知数量以及次序等数学知识。父母试着改变玩具的种类以及颜色，吸引宝宝的注意。

用手指数数

●开发目标

丰富宝宝的声音感知能力，让宝宝理解数量的概念。

●互动游戏

妈妈给宝宝一个玩具娃娃，一边给一边提醒宝宝："宝宝，这是一个娃娃。"也可以先用手指指一下娃娃，然后用一根手指做出"1"的手势，并叫宝宝跟着一起说："一个娃娃。"多说几遍，可适当将"1"的发音延长，要耐心鼓励宝宝模仿自己。

若宝宝一时不能理解，妈妈可以拿起宝宝的手，再使其伸出一根手指，并重复说："1"、"1 个娃娃"。

然后用同样的方法教导宝宝认识数字"2"、"3"等较为简单的数字，并慢慢尝试不用玩具，让宝宝逐渐习惯听到数字"1"、"2"、"3"时会知道用手指表示。

生活类用具如牙刷、毛巾等，食物类如苹果、香蕉等都可以用来引导宝宝学习数字。

专家提示

随着年岁的增长，宝宝可以理解简单的数字，父母要尽量强化宝宝对简单数字的理解能力，逐渐让宝宝认识更多的数字，培养宝宝用手指表示自己的年龄、想要物品的数量等。

“读”数字
“画”数字

●开发目标

帮助宝宝建立“数”的概念，锻炼宝宝对数字形态的记忆能力。

●互动游戏

妈妈准备好两个玩具电话及画有小鸡、小狗、小猫和小鸟的四张图片，这四张图片分别对应四张数字卡片，数字卡片上有0～3四个数字组成的号码。先让宝宝看小动物的图片，然后帮助宝宝熟悉小动物对应的数字卡片。妈妈和宝宝各拿一张小动物卡片，两人模仿所拿图片上的小动物打电话。然后让宝宝找一张小动物图片，并找出相对应的数字卡片，按上面的号码给小动物打电话。反复给四种小动物打电话，让宝宝熟悉每一个动物对应的数字。

“读”数字对宝宝长大后分类、排序等活动很有益处。这个游戏可以帮助宝宝熟练记住每个动物对应的数字，对建立宝宝“数”的概念大有帮助。

当宝宝学习涂画竖线时，妈妈可以夸赞宝宝:“宝宝会写1了，宝宝真聪明。”宝宝会很高兴地再写几个“1”。有时宝宝会画两个大弯，这样妈妈也可以告诉宝宝：“宝宝会写2啦！”然后鼓励宝宝再多写几个“2”。若宝宝连续画两个弯，可以告诉宝宝写的是“3”。依次类推，让宝宝多学写几个数字。

专家提示

宝宝在画画时偶尔画出的数字会让宝宝很惊讶，得到父母的鼓励后，宝宝会对“画”数字更感兴趣，这对锻炼宝宝的识数和写数能力大有帮助。

哪个碗里的草莓多

●开发目标

培养宝宝数数的能力，以及比较多少的能力。

●互动游戏

妈妈把草莓放入两个干净的小碗里，一个碗里放入 5 ~ 6 颗，另一个碗里放入 3 颗，并问宝宝："你看这两个碗里的草莓一样多吗？你想要哪个小碗里的草莓呢？"提出了问题后，妈妈就要给宝宝时间仔细观察，可适当引导宝宝数一下两个碗里草莓的数量，"宝宝，这里有一颗草莓，两颗，三颗 ......"。

当宝宝做出正确回答后，妈妈可以奖励宝宝一个草莓，然后再重新分配，继续游戏。

专家提示

学习数数与比较多少能提升宝宝的数学理解能力，将抽象的数学概念用具体的物品来表示，让宝宝感知数字的魅力，丰富数学知识。

4 自然智能开发

1～2岁的宝宝充满好奇心，对能够抓拿到手上的物品会仔细研究一番。此阶段，父母要渐进式地引导宝宝感受周围环境的美好，并且给宝宝讲解一些生活物品的自然属性，让他们对其有初步的认识。

尝味道 学吃饭

●开发目标

让宝宝了解不同的味道，丰富味觉经验，并在日常饮食中提升自理能力。

●互动游戏

妈妈分别在三个透明的玻璃杯里装上圣女果汁、橙汁和酱油，先让宝宝观察三个杯子中不同的颜色，然后告诉宝宝："这个是红色的"，"这个是浅黄色的"，"这个是黑色的"。妈妈用吸管蘸少许圣女果汁让宝宝尝尝，然后告诉宝宝："这是圣女果汁，是甜的。"然后蘸少许橙汁让宝宝尝尝，告诉宝宝："这是橙汁，是酸的。"最后蘸少许酱油再让宝宝尝尝："这是酱油，是咸的。"

等到吃饭的时间，给宝宝端上饭菜，单独准备一个小碗和一把小勺子，鼓励宝宝自己拿勺子来吃饭，1勺、2勺，妈妈可以在一旁示范，当宝宝停下来时也可以帮着喂几勺，边喂边对宝宝说："来，宝宝吃1勺，真棒；宝宝再吃第2勺，非常好。"鼓励宝宝用餐时不能剩饭，当宝宝吃干净碗里的饭菜后问一下他："宝宝吃饱了吗？还要再加点吗？"、"味道怎么样啊，咸的还是甜的呢？"

专家提示

由不同食材制作而来的食品或饮品，保留着天然的味道。日常饮食是让宝宝丰富味觉经验、增强对味道感知能力的绝佳机会。同时锻炼宝宝自己吃饭，让他正确使用餐具，这样不仅能锻炼手部动作，更能培养宝宝的生活自理能力，形成良好的用餐习惯。

黏土手印

●开发目标

让宝宝了解自然现象。

●互动游戏

妈妈准备一些干净的黏土，然后揉捏黏土，使黏土变成可以印上手掌的大小。黏土捏好之后，妈妈可以引导宝宝将手掌放在黏土上，并紧紧地压一会儿。

当宝宝拿开手时，黏土上就会出现手的形状。然后妈妈在黏土下方写上日期，放在阴凉处晾干。

可以每年做一次手掌模型来保存。当宝宝长大以后，这可以变成宝宝回忆小时候的纪念品。

专家提示

这个游戏能够帮助宝宝确定自己的存在，从而逐渐了解到人与自然的依存关系。此外，从小到大积累起来的小手印模型对宝宝来说也是十分有纪念意义的。

认识动物

●开发目标

让宝宝分清家禽、家畜和野生动物。

●互动游戏

父母可以带宝宝去动物园，有一些野生动物是动物园里能看得到的，父母根据看到的情况，一边看一边引导孩子观察，还一边给孩子讲解，教他认识野生动物。父母还要充分利用电影、电视、画报、图片等来向孩子介绍某些少见的野生动物，开拓孩子的视野，还可以通过讲故事的形式讲出各种野兽的外形特征和生活习性，以及与人类的关系。

父母还可以带宝宝去农村，看看农民养的鸡、鸭、鹅，牛、羊、猪，告诉宝宝这些动物的特点和生活习性。

专家提示

教幼儿认识野生动物比认识家禽、家畜要难一些，孩子不能亲手触摸。但要拓展孩子的视野，家长还是要多想办法。父母在教孩子认识野生动物的同时，要注意培养孩子的勇敢精神，告诉他人也可以对付凶猛的野生动物。

闻气味

●开发目标

走进大自然,锻炼宝宝的嗅觉能力。

●互动游戏

公园里树木繁茂、鸟语花香，妈妈有空可以领着宝宝到公园呼吸新鲜的空气。让宝宝学做深呼吸，鼓励宝宝说说公园的空气是什么气味，是清早的花香还是草木的清香，又或者是雨后的泥土气味，并告诉宝宝要去爱护这个美丽的环境以及这些散发着香味的植物。

专家提示

通过吸收新鲜空气并增加户外活动，宝宝的身体素质得到提升，还能从大自然中认识各种气味,并树立保护环境的意识。

听觉记忆智能开发

宝宝对声音较为敏感，听到喜欢的声音，会开怀大笑、手舞足蹈。当词汇量与节奏感达到一定的程度，宝宝就会跟着哼唱了。父母可通过各种声音游戏，提高宝宝对声音的感知力、记忆力与想象力。

火车开了

●开发目标

提升宝宝对声音的感知能力，同时培养宝宝的乐感。

●互动游戏

妈妈先准备一段模仿火车声音的音频和两把小凳子，将凳子排成一排，妈妈坐在前面高一点的凳子上，宝宝坐在后面的凳子上。妈妈播放音频并模仿开火车的声音："咔嚓，咔嚓，呜——"，并提醒宝宝，"妈妈要开火车啦，宝宝要坐好了，轰隆隆——"。也可以将两把小凳子当作是两辆火车，妈妈与宝宝都当司机，这时候就可以进行比赛，看谁的火车开得又快又稳。

专家提示

这个游戏可以锻炼宝宝的听觉与肢体协调能力，通过节奏性较强的音频，让宝宝的身体动作与音乐的节奏相一致，从而能提高宝宝的音乐能力。

一起哼节奏

●开发目标

锻炼宝宝听觉，加强宝宝听觉记忆能力。

●互动游戏

妈妈可以给宝宝准备一些儿童歌曲，放给宝宝听，并鼓励宝宝哼出来。每次当宝宝哼出来几个音调时，妈妈要及时鼓励宝宝，让宝宝认真听并大胆哼唱。

专家提示

哼唱不仅是宝宝听觉能力的进步，也是宝宝音乐表达能力的一个进步。父母应该多鼓励宝宝听音乐，并同他一起哼唱，促进宝宝听觉和音乐智能的发育。

学唱一首歌

●开发目标

借助音频提升宝宝的听觉能力，培养宝宝的音乐感。

●互动游戏

妈妈准备好可以播放音乐的设备，一台收音机或者是带有音频的手机。先让宝宝将一首美妙的儿歌听完，妈妈再一句一句教宝宝唱，并提醒宝宝要跟着节奏唱，比如唱《小毛驴》。

当宝宝学会后，妈妈再给歌曲配上动作，并让宝宝一边唱一边跟着做动作，然后一起来合唱儿歌。

专家提示

音乐能调节情绪，美妙的歌声能使宝宝的心情变得愉悦。让宝宝学会跟着旋律唱歌，能丰富宝宝的想象力和听觉能力，搭配上动作还能够增强宝宝的肢体协调能力。

配配对

●开发目标

发展宝宝的听觉记忆力。

●互动游戏

妈妈准备几张图片，比如小羊、草地、小鸟、大树、月亮等。然后给宝宝讲一个比较简短的故事，比如“小羊饿啦，要去草地吃草啦”、“天黑啦，太阳公公下山了，月亮出来，小鸟也要回家啦，它家是在树上的哦”等。

讲完之后，妈妈让宝宝凭着记忆将相关的图片放在一起。比如将小羊和草地放在一起，将小鸟和月亮、大树放在一起等。可以适当用语言引导，“宝宝，小鸟是住在哪里的呀？”

专家提示

色彩鲜艳、图形可爱的卡片能吸引宝宝的注意，通过此游戏能锻炼宝宝的听力、理解力、判断力、记忆力。

右脑开发方案

形象思维智能开发

形象思维包括直观形象思维、意象形象思维、逻辑形象思维。此阶段主要培养宝宝的直观形象思维，父母可以利用一些实物与肢体动作来展示具体的形状，鼓励宝宝多接触事物，借助摸索了解实物的外在形状及特征，从而形成对实物的初步认知判断。

会“喝水”的海绵块

●开发目标

让宝宝认识不同的形状。

●互动游戏

妈妈把海绵剪成各种形状，如正方形、圆形、长方形等。

当宝宝洗澡时，妈妈可以在水盆里放进这些海绵块，让宝宝拿起海绵玩，同时告诉宝宝这些海绵的对应形状，“宝宝，你看，这个是圆形”、“这个是正方形”，并引导宝宝说出海绵的形状，像“宝宝，这个是什么形状啊？”、“这个呢？”等。同时也可以让宝宝观察海绵吸水后沉到水里的现象，然后告诉宝宝：“海绵宝宝和宝宝你一样也会喝水哦！”

专家提示

游戏中使用的海绵块也可以剪成动物、字母或其他能引起宝宝兴趣的形状，通过这些海绵块让宝宝对形状的概念有初步认识，并了解海绵吸水的特征，但要注意不能让宝宝误食海绵块。

认识几何图形

●开发目标

让宝宝进一步认识更多的形状。

●互动游戏

给宝宝准备好正方形、长方形、梯形等几何图形，将它们平整地放在地板上，可以一个一个指出来，让宝宝观察它们的形状特点，并回答出每个图形的形状。若想加强宝宝对色彩的认知能力，也可以引导宝宝观察每个图形的色彩，如“这个梯形是什么颜色的呀？”。

卡片纸的制作非常简单，妈妈可制作出更多的形状，宝宝通过不断的积累学习，就能认出更多的形状了。

专家提示

生活中常见的物品也可以帮助宝宝认识更多的图形，像椭圆形的鸡蛋、圆形的小碗、方形的碟子等。日常接触到不同的形状时，妈妈可引导宝宝细心观察。

摸摸是什么

●开发目标

提升宝宝的感知力与形象思维能力。

●互动游戏

妈妈准备一只大纸箱，在箱子的两边各挖一个足以让宝宝手臂伸进去的孔，然后在箱子里放入几样物品。妈妈先将手伸进一边的孔，边伸边说："这里面有什么宝物呀？我要摸摸看。"并引导宝宝跟着一起做，将手伸进另一个孔。妈妈一边摸物品，一边对宝宝描述物品的大小和形状，"这是个圆形的东西，是硬的，会是什么呢？"、"宝宝有摸到什么吗？快跟妈妈说说。"、"也是圆的吗？"用相类似的话语引导宝宝说一说他摸到的东西的形状、大小等。

专家提示

宝宝和妈妈一起做触摸物品的游戏，可刺激宝宝思考，并通过判别不同物体的大小和形态，提高宝宝的图形认知能力与语言表达能力。

空间思维智能开发

相对于摸索着爬和走的阶段，宝宝会走路后，活动的空间扩大，动手能力也有所提高，其空间、方位感知能力不断增强，父母可通过相关的空间思维游戏，让宝宝慢慢理解和区分事物的上下、左右、前后、里外的位置关系。

转圈圈

●开发目标

锻炼宝宝的平衡能力。

●互动游戏

在一个空间比较大的地方，妈妈抱起宝宝，要与宝宝面对面。妈妈可以哼着儿歌并且用闲着的一只手做动作，可以挥动也可以轻轻拍打宝宝的身体，先哼一段时间让宝宝熟悉被抱起的高度。

待陌生感消除时，宝宝变得放松了，妈妈就抱着宝宝在原地旋转一周，注意旋转时动作要先慢后快。该旋转的动作可以反复进行几次，让宝宝慢慢熟悉。

专家提示

游戏是良好的互动方式，能增进亲子关系，转圈的游戏能丰富宝宝的前庭知觉和平衡知觉，可促进宝宝视觉空间智能的发展。

宝宝找玩具

●开发目标

训练宝宝对前后左右方位的认识。

●互动游戏

在宝宝情绪愉快的时候，妈妈拿出几个宝宝喜欢的玩具，和他进行游戏。

妈妈先当着宝宝的面，将玩具小狗放到自己身后，鼓励宝宝去拿："小狗在妈妈身后，宝宝快过来拿呀。"

当宝宝拿到后，再将玩具放到宝宝身后，此时同样要用语言进行引导和强调："玩具跑到宝宝的背后了哦，宝宝转身就能看到它，快转过去看看！"

若游戏中宝宝不能做出相应的动作时，妈妈可以适当示范，加以引导，耐心地与宝宝交流对话。

专家提示

通过该游戏帮助宝宝认识更多的方位。妈妈还可以引导宝宝更深入认识不同的方位，像"宝宝，站到妈妈的前面"、"来妈妈的后面"、"妈妈现在在宝宝的左边"、"宝宝的右边出现了一只可爱的小兔子"等话语。如果宝宝做对了，妈妈要及时给予鼓励，亲亲宝宝的小脸，夸夸他"宝宝你太棒了"等等。

小腿进“山洞”

●开发目标

锻炼宝宝空间想象力和自理能力。

●互动游戏

妈妈给宝宝穿裤子，先穿一条裤腿，并对宝宝说："火车进山洞啦。"把另一条腿也穿进那条裤腿中，说："哎呀呀，撞车啦。"然后抽出一条腿穿进另一条裤腿里。在穿另一条裤时，妈妈可以说："哎呀呀，这条腿迟到啦，赶快进山洞吧！"妈妈也可让宝宝自己练习穿裤子。

专家提示

通过游戏可以锻炼宝宝的空间感知能力，而且能提高宝宝的自理能力，让宝宝自己做一些力所能及的事。

3 创造性思维智能开发

此阶段，宝宝能用积木搭出各种有趣的房子、车子等，你不得不惊讶于宝宝对身边事物的观察能力与手眼协调能力的提高。对一些新奇事物，他们也会通过分析思考，推断出不同结果并做出不同的反应。

抓泡泡

●开发目标

培养宝宝的动手能力和探索能力。

●互动游戏

妈妈准备吹泡泡的工具（泡泡液和吹泡泡用到的小棒）。开始吹泡泡时要提醒宝宝，“妈妈会变魔术哦，能变出很多泡泡，宝宝你要看好啦！”紧接着给宝宝演示如何吹泡泡。当宝宝追着泡泡时，又给宝宝演示戳破泡泡，然后鼓励宝宝和自己一起吹泡泡或者是戳泡泡。

专家提示

通过游戏能锻炼宝宝的运动能力，并且让宝宝细心观察周围世界的变化，无论是小小的泡泡还是其他移动的小物体都能激发宝宝探索世界的兴趣。

魔法橡皮泥

●开发目标

提高宝宝自己动手的能力。

●互动游戏

妈妈先准备好几块色彩鲜艳的橡皮泥。然后给宝宝做示范，用橡皮泥捏出彩色的“石头”，并询问宝宝，“这个石头是不是比平常的要漂亮呀？”以此引起宝宝的兴趣，并教宝宝自己也捏一个喜欢的“石头”，又或者是借助其他的参考书，将橡皮泥捏成各种可爱的小动物。

专家提示

宝宝对软绵绵的橡皮泥充满好奇，它色彩丰富又能捏成各种形状。在游戏中能加深宝宝对不同色彩的认识，同时对动手能力与创新能力的提高也有帮助。

和水做游戏

●开发目标

观察水的百变形态能培养宝宝的想象力和创造力。

●互动游戏

妈妈让宝宝坐在装满水的浴盆里，用手拍打水面，给宝宝看看溅起的漂亮水花，然后抓起宝宝的手，教他也学着拍打出水花，让他了解玩水的乐趣。

妈妈也可以教宝宝把手做成小碗的形状，再把水装起来；或者是双手交握合十时把水储存起来，然后“噗”地用力一挤，就变成了一把手指水枪了；还可以给宝宝一个塑料杯子，让他自己舀水。

专家提示

玩水是宝宝最喜欢的游戏之一，该游戏可以让宝宝学会踢腿、拍打等肢体运动，水的流动、自由形态能激发宝宝的好奇心，丰富其创造思维能力。

用身体绘画

●开发目标

启发宝宝的艺术感觉与想象力。

●互动游戏

准备几张报纸，几个小碗，不同颜色的水彩颜料。妈妈在地上将报纸摊开，将不同颜色的水彩颜料分别挤到碗里。

让宝宝只穿着内裤，然后身上沾着水彩在报纸上随意“画画”；或者用小脚丫沾上水彩，在报纸上踩出小脚印；又或者用小手沾上水彩，在报纸上印出手印。

也可以在宝宝的手掌、脚掌、手背、膝盖、肩膀等部位分别涂上水彩后，让宝宝在报纸上抹抹看。妈妈还可以引导宝宝画出名种图案，比如汽车、小动物等；将小印章沾上颜料也可以在报纸上盖印。

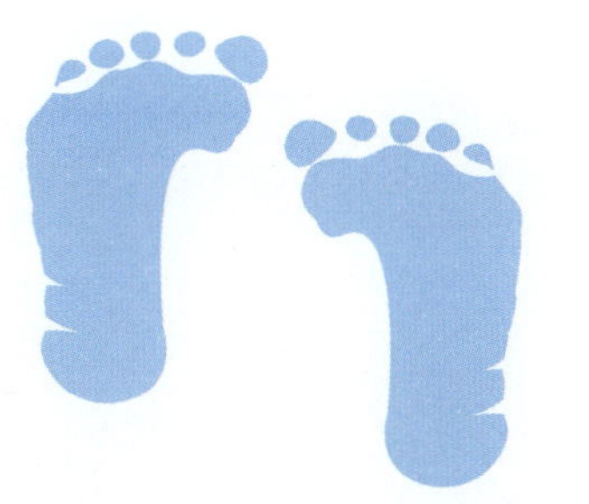

专家提示

让宝宝在绘画时自己发挥，并将自己融入到涂鸦中，这样能够激发宝宝的观察能力、想象能力和创造兴趣。妈妈购买的水彩涂料，一定要是绿色无毒的健康产品，防止宝宝皮肤过敏。在游戏的过程中，要细心看管宝宝，不要让宝宝误食颜料，以免影响身体健康。

 肢体协调智能开发

1～2岁是宝宝肢体协调能力提高的迅猛期，他们的手脚越发灵活，摔倒的次数减少，平衡能力明显增强。宝宝能拎东西，越过障碍物，能倒着走，横着走，甚至是上台阶。父母要给宝宝足够的自由活动空间，同时也要看护好小孩，避免宝宝乱跑导致受伤等事故发生。

抛接气球

●开发目标

锻炼宝宝的肌体协调能力。

●互动游戏

妈妈准备好一个彩色气球，并把气球抛向空中，然后再接住，以此向宝宝展示整个抛接气球的过程。接着再降低抛气球的高度，让其能被宝宝够到，抛出气球后告诉宝宝："宝宝，快用手接住气球。"如果宝宝接住了，就再抛一次，但这次要提醒宝宝用头去顶气球。然后再改变气球的高度，让宝宝用脚趾、用腰、用屁股去碰触移动的气球。

专家提示

该游戏能增强宝宝的身体协调能力，让宝宝更加灵敏，同时眼部的观察能力也能得到提升。

看谁投得准

●开发目标

培养宝宝的运动能力。

●互动游戏

准备好一个小桶和一个小皮球。妈妈站在水桶边，宝宝拿着小皮球站在距离水桶稍远的地方，然后妈妈引导宝宝将皮球投进小桶里，妈妈可以用示范动作引导或者是话语指引。如果宝宝总是投不进去，要及时寻找原因，是宝宝投掷的方向不对，还是距离太远了，进而适当调整。如果宝宝投中了，妈妈就要给予适当的鼓励，并为宝宝喝彩。

专家提示

在投掷动作中考察宝宝多方面的能力，能使宝宝的身体协调能力和平衡能力进一步发展。因为要完成好整个投掷动作，需要宝宝站稳，身体和手脚都要协调一致，手臂的力度要把握好，眼睛要观察小桶的具体位置，综合起来才能做好。

跳房子

●开发目标

锻炼宝宝的腿部力量，肢体协调能力，听觉能力以及学会集中注意力。

●互动游戏

准备好三个写有字体的图形纸板后，其中圆形纸板上面写“宝宝”，正方形纸板上面写“爸爸”，三角形纸板上面写“妈妈”。妈妈将宝宝带到公园，并先教宝宝认识纸板的形状和上面的字，多教几遍后可以让宝宝复述一下。当宝宝能基本记住时可与宝宝玩“跳房子”游戏，并鼓励宝宝往相应形状的“房子”里跳或者说“宝宝要去爸爸的‘房子’”。

专家提示

该游戏能增强宝宝身体的灵活性，以便于增强体质；在与妈妈的互动中能让宝宝的注意力得到提升，使其大脑思维反应变得更为活跃、敏捷，从而提升宝宝的智力。

会动的玩具

●开发目标

培养宝宝身体运动协调能力及平衡感、灵活性。

●互动游戏

在宝宝喜欢的一个动物玩具上系一根绳子，把玩具放在房间中央的地板上，将绳子的另一端放在另一个房间里，爸爸悄悄走进房间，不要让宝宝看到。妈妈引导宝宝观察玩具，“宝宝快看，你的小玩具在那里！”当宝宝朝着妈妈指示的方向观看时，爸爸在房间里轻轻拉动细绳，让玩具动起来，注意动作要轻、慢，不要让宝宝受到惊吓。此时充满好奇心的宝宝就会跟着玩具向前走。妈妈可以充当引导者的角色，告诉宝宝："小玩具要去哪里呢？"。“宝宝跟上去看看吧！”

就这样，宝宝走几步，爸爸再拉动小玩具，一直到宝宝厌倦了，爸爸就拉起绳子，让宝宝明白刚才是爸爸拉着小玩具在走。

专家提示

1 岁左右的宝宝正处在蹒跚学步的时期，利用宝宝喜欢的玩具，可以锻炼宝宝独立行走的能力。

5 人际关系智能开发

作为社会中的一员，人与人之间的沟通交流是相当重要的，乐观的性格与尊重、关爱他人的品质更有利于良好人际关系的形成。父母可通过游戏让宝宝明白最基本的规章制度与道德规范，提高处理问题的能力，并培养良好的品质，树立正确的是非观。

我是“小主人”

●开发目标

让宝宝学会关爱家人。

●互动游戏

爸爸和妈妈坐在沙发上，茶几上放有茶盘和几个小小的杯子，杯子里各盛一半水。然后妈妈对宝宝说：“宝贝，可以给我端来茶几上的水杯吗？”一边说一边指着茶几上的水杯，让宝宝明白他要做什么。当宝宝把水端过来时，爸爸可以引导宝宝说出：“请妈妈喝水。”然后妈妈要礼貌地回复：“谢谢宝宝！”接下来再让宝宝重复以上动作给爸爸端水。

专家提示

通过与家人间的互动，宝宝会逐渐养成关爱他人、体贴、善良、热心助人的性格，也会增强与他人的合作能力。

● **开发目标**

培养宝宝与人合作的能力。

● **互动游戏**

妈妈外出回家后，站在门边上鼓励宝宝把拖鞋拿过来，“宝宝，可以帮妈妈把那双拖鞋过来吗？”并且告知宝宝拖鞋所在的位置。当宝宝把事情办好后，妈妈要及时给予赞扬，这样宝宝就会很高兴，也会乐意去做。

日常生活中，家庭成员也可以假装要找东西或提出其他需要宝宝帮助的事情，如爸爸要找手机、奶奶要找老花镜、爷爷要找报纸等，注意的是家人要耐心地引导宝宝完成事情并提出表扬。

专家提示

让宝宝从小学会帮助大人解决问题，逐渐养成与人合作、善于沟通交流的能力，培养乐于助人的品质与豁达乐观的性格。

红灯停 绿灯行

●开发目标

培养宝宝良好的社会意识，从小遵守规章制度。

●互动游戏

在家中较为宽敞的空间里，宝宝拉着爸爸的衣服前后一排站好，爸爸做“车头”，宝宝做“司机”，然后由“车头”领着“司机”走，边走边带着宝宝学汽车“嘟嘟”地叫。妈妈用纸板做两个牌子，上面分别画着“红灯”和“绿灯”。当妈妈举起“红灯”时，爸爸要教育宝宝此时“汽车”要停下；当妈妈举起“绿灯”时，汽车才可以行走。

可能一开始宝宝并不理解规则随意走动，当经过多次重复后，宝宝就会形成“红灯”与“绿灯”的概念，并认真遵守规则。

专家提示

宝宝在游戏中获得了更多走和跑的机会，身体的平衡能力得到提升，同时也理解“红灯停，绿灯行”的交通规则，在外出游玩时父母再次强调就能够按要求做好。

 视觉记忆智能开发

随着活动范围的扩大，宝宝能看到的事物越来越多。若父母能增加到户外的次数，多带宝宝去大自然中，扩大其视野并鼓励他多观察、多思考，积极提出疑问后通过多种方式寻求答案，由此认识不同的事物，视觉记忆能力也就得到了锻炼。

戴帽子

●开发目标

制作一些小道具，培养宝宝的观察能力与对颜色的识别能力。

●互动游戏

妈妈准备好适量的红、蓝、黄、黑、绿、白等颜色鲜艳的彩纸，然后将彩纸折成小小的帽子。

折好后，一一向宝宝介绍，“这是蓝色小帽子”、“这是绿色小帽子”、“这是黄色小帽子”……

然后妈妈将红色的一个放在头上并告诉宝宝：“妈妈戴上了红色帽子，宝宝想戴上什么颜色的帽子呀？”当宝宝拿起一个放在自己的头上时，妈妈要引导宝宝说出正确的颜色。又或者是让宝宝在众多的彩色帽子中寻找指定的帽子，如“黑帽子”、“白帽子”等。

专家提示

颜色视觉是宝宝对光谱上不同波长光线的辨别能力，宝宝对红、绿、蓝三色的视觉认知较早，通过该游戏能让宝宝认识更多的颜色，锻炼分辨颜色的能力。

照片里是谁

●开发目标

多创造交流的机会，帮助宝宝认识亲人。

●互动游戏

妈妈找来家人的照片，和宝宝一起看。边看边告诉宝宝，“宝宝，这是漂亮的小姨，她有一双大大的眼睛，头发是短的，现在在上海工作”，“这个是伯父，是个公交车司机”。宝宝看过几遍后会对亲人有点熟悉，此时妈妈可以指着照片上的人问宝宝，“这个人是谁呀，宝宝还记得吗？”，若宝宝不能马上回答出来，妈妈可以给点提示，“是叔叔吗，还是伯父呢？”以此引导宝宝熟悉家人。

专家提示

宝宝通过观看照片记住亲人的相貌，也能慢慢说出对他们的称呼，经常多次重复，宝宝就会记得更牢，能记住的亲人也会更多。日常也可以通过与亲人视频，加强宝宝对他们的认识，这样等到与他们见面时，宝宝不会怯生，还能养成活泼的性格。

去户外看色彩

●开发目标

在日常生活中会接触到很多种颜色，白色是其中最为显眼的，父母可以让宝宝从认识白色开始，然后再认识、区分其他的颜色。

●互动游戏

平常接触到的白色的东西很多，像白色的杯子、白纸、白色的袜子等，玩具中有白色的小熊和积木。由于白色非常醒目，所以便于宝宝辨识。

妈妈可以先给宝宝指出家中常见的白色物件，再让宝宝根据这样的特点在家中寻找其他白色的物品。妈妈也可以带宝宝到户外去寻找白色，如果是在冬天，可以让宝宝看看白色的雪；如果是在夏天，可以带宝宝看看公园里的白花。

专家提示

1 岁多的宝宝对颜色已经有了一定的认识，基本已能分辨白色、黑色和红色，只要父母稍微强调一下，宝宝就会辨认得比较快。游戏中的色彩辨认也可以换成其他的颜色，这样宝宝就能通过有趣的游戏认识更多的颜色。

聪明宝宝食谱

1 ～ 2岁宝宝益智膳食法则

鳕鱼片

鳕鱼……150克
鸡蛋……1个
葱花……少许
蛋黄……适量

1. 鳕鱼洗净切片，用蛋黄、干淀粉浆好。
2. 油锅烧热，将鱼片下入炸透，捞出。
3. 锅内加入清水，倒入姜汁、醋、白糖、料酒、酱油。
4. 放入鱼片，用水淀粉勾芡，沿锅边倒入适量油。
5. 将鱼片翻转，淋香油，撒上葱花即可。

鳕鱼肉鲜嫩味美，含有丰富的DHA，是宝宝的首选食材。

素炒甜椒

原料

彩椒……………………300 克
姜丝……………………适量

做法

1 彩椒去蒂、去籽，洗净。
2 将彩椒切成长丝，再切成粒。
3 锅置火上，放入食用油烧热，投入姜丝炒香。
4 倒入彩椒，加入生抽、盐炒匀。
5 淋入芝麻油，翻炒片刻即可。

烹饪技巧

甜椒含有丰富的维生素 C，是宝宝增强免疫力的首选食材之一。

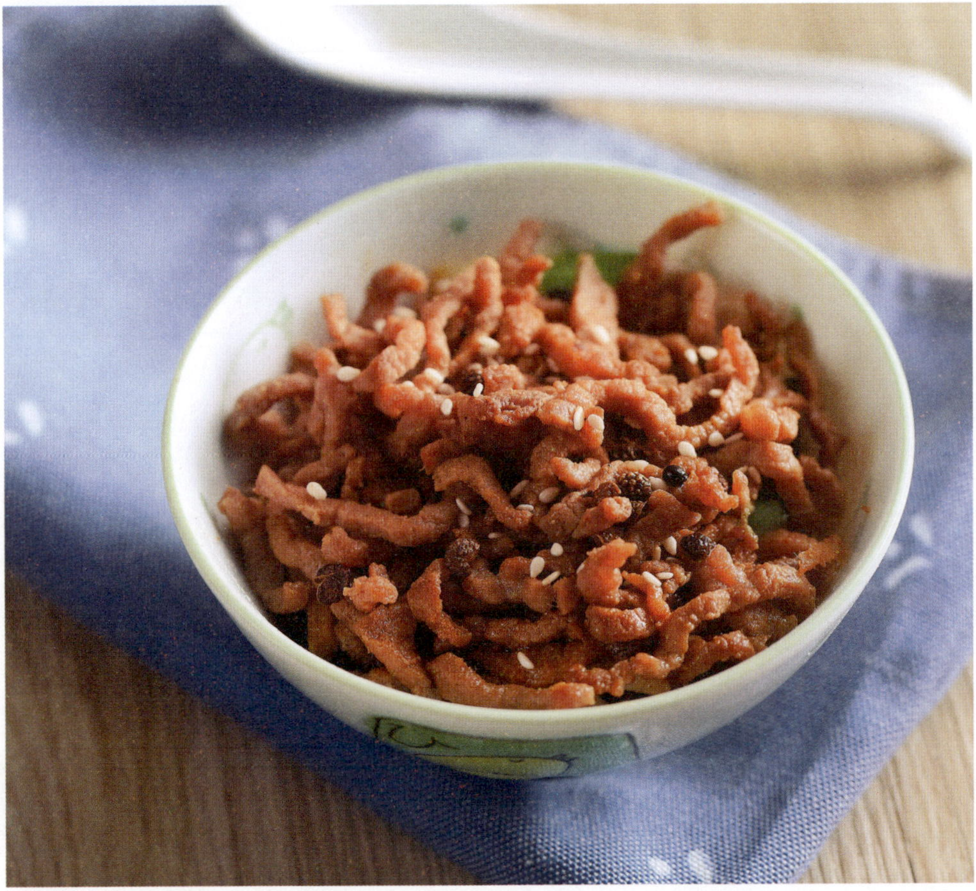

芝麻肉丝

瘦猪肉丝……………………250 克
熟白芝麻……………………50 克
葱段、姜片………………各适量

1 将瘦肉丝用姜片、葱段、盐和料酒一起拌匀略腌。

2 肉丝入油锅炸成金黄色，捞出沥油。

3 锅置火上，放入清汤、肉丝、盐、白糖、大料、花椒和生抽，用小火炖至汁干。

4 加入味精和芝麻油，翻炒盛出，撒上熟芝麻即可。

芝麻可提前炒香，等到最后再放入，会更香浓。

虾仁蛋炒饭

虾仁……………………………… 20 克
鸡蛋……………………………… 40 克
米饭……………………………… 40 克

1 将虾仁洗净、切碎。
2 把鸡蛋磕入碗中，打散。
3 用锅起油，倒入鸡蛋液，炒熟。
4 加入米饭，翻炒均匀。
5 倒入虾仁，翻炒至变色。
6 加少许盐调味即可。

米饭在烹制时可以加入少许清水，会更方便宝宝进食。

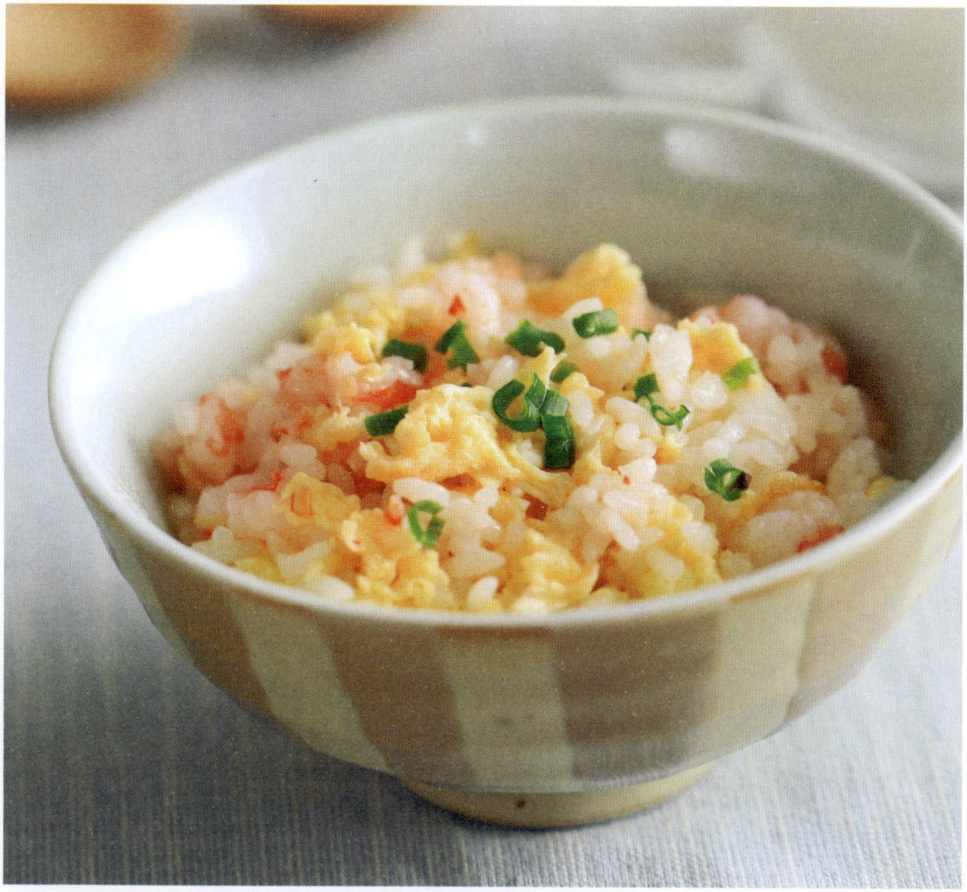

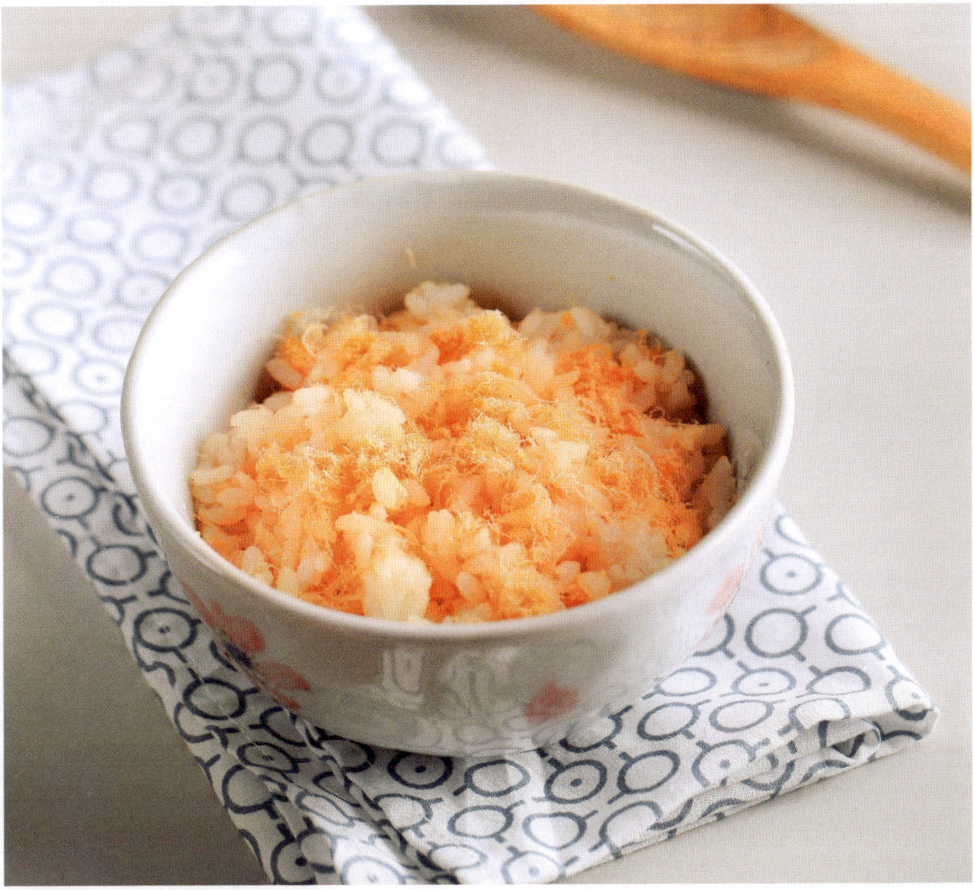

肉松饭

肉松……………………20 克
大米……………………适量

1 大米洗净，放入锅中煮熟。
2 将米饭盛出，放入肉松。
3 趁热搅拌均匀即可。

肉松味道鲜美，营养丰富，是宝宝常吃的小美味。

香菇炒肉丁

香菇……………………………100 克
猪肉……………………………30 克

1 洗净的香菇切成小粒。

2 处理好的猪肉切成粒。

3 热锅注油烧热，倒入肉粒，炒至转色。

4 倒入生抽，翻炒匀，倒入香菇粒，翻炒片刻。

5 加入盐、鸡粉，翻炒入味即可。

切肉应逆着肉的纹理切制，才能切断筋络，方便咀嚼。

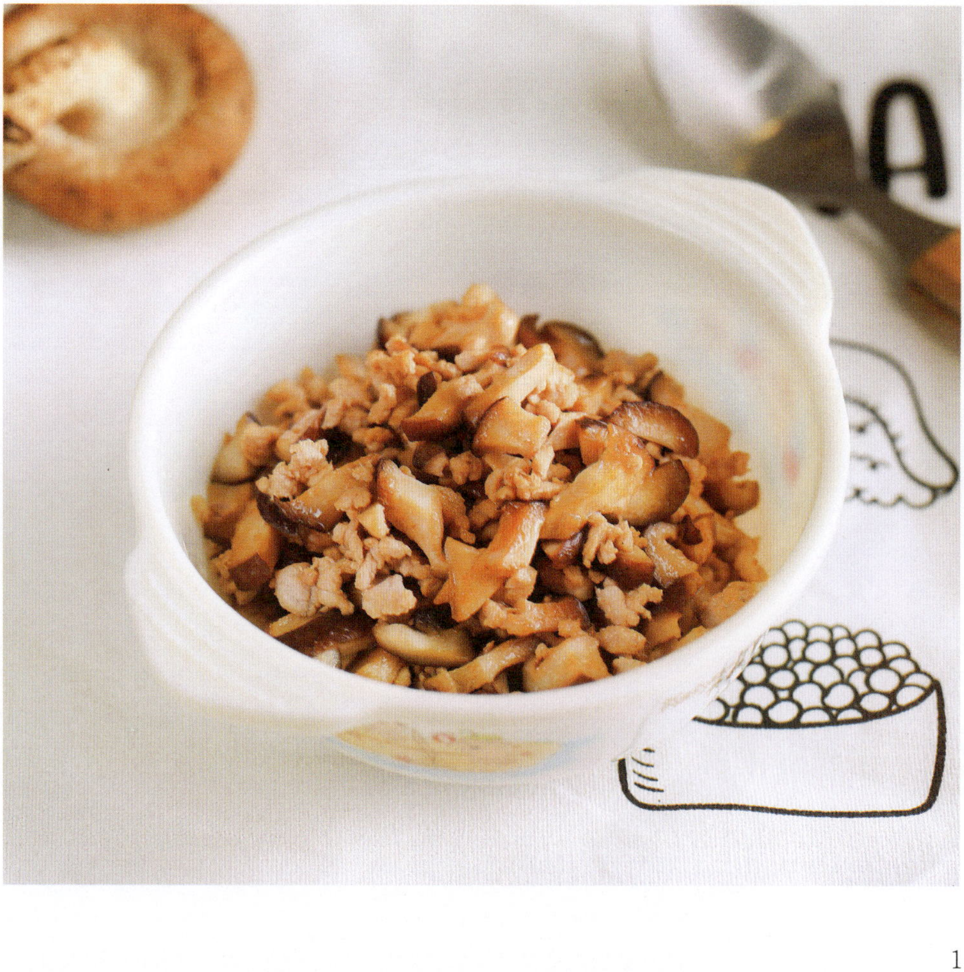

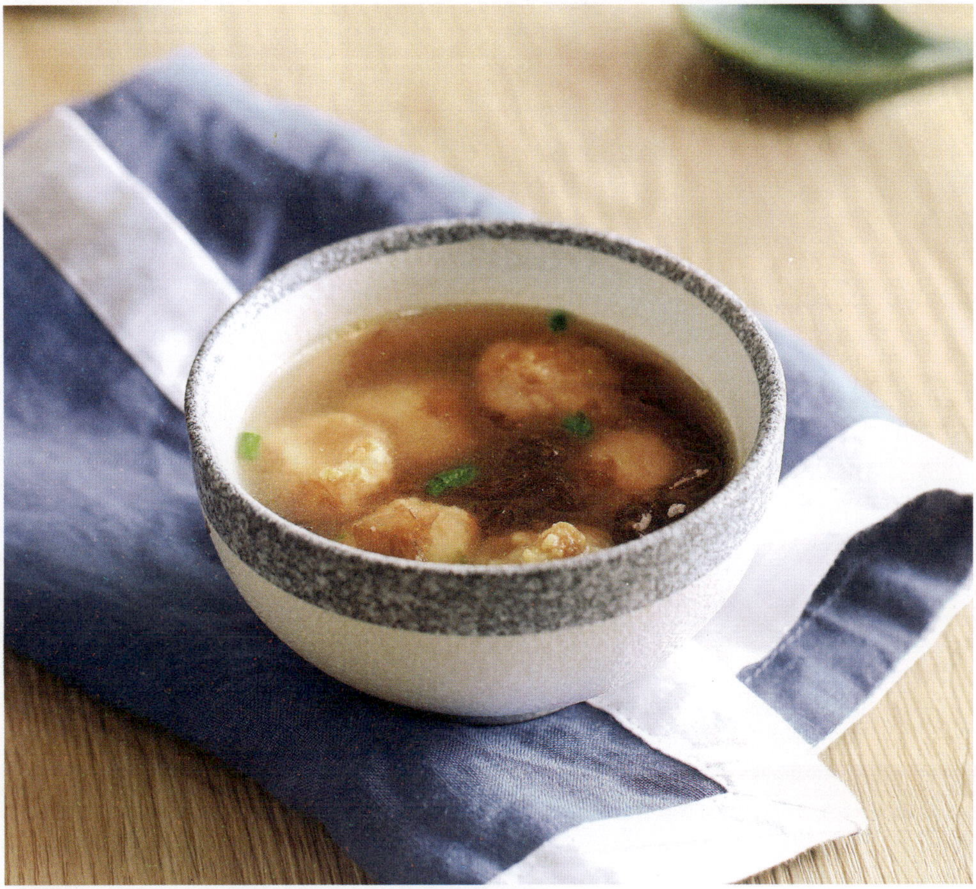

紫菜墨鱼丸汤

墨鱼肉……………………150 克
瘦肉………………………250 克
紫菜…………………………15 克
香菜、葱花………………各少许

鱼丸一定要单向搅拌才能上筋，才好吃。

1 紫菜洗净，用清水泡发，备用。

2 洗净的墨鱼肉、猪肉剁成泥，装入碗中。

3 将淀粉、盐、猪油加入肉泥内，顺时针搅拌上劲，把肉泥逐一捏制成丸子。

4 热锅注油烧至七成热，倒入丸子，稍稍搅拌炸至金黄色，将其捞出沥油。

5 锅中注入清水烧开，放入鱼丸、紫菜，大火煮沸后转小火煨 10 分钟。

6 撒入葱花、胡椒粉、香菜末，拌匀即可。

蔬菜煎饼

原料

胡萝卜、青菜……… 各100克
面粉……………………………200克
鸡蛋………………………………1个

烹饪技巧

制作饼的蔬菜最好切碎一点，饼会煎得非常漂亮。

做法

1 胡萝卜去皮洗净切丝，青菜洗净切丝，鸡蛋搅散。

2 在面粉内加入蛋液、胡萝卜丝、青菜丝、盐、适量水，搅拌成糊状。

3 平底锅置火上，放入适量油加热。

4 将面粉糊用小火摊成薄饼卷起。

5 将薄饼入油锅炸至呈金黄色即可。

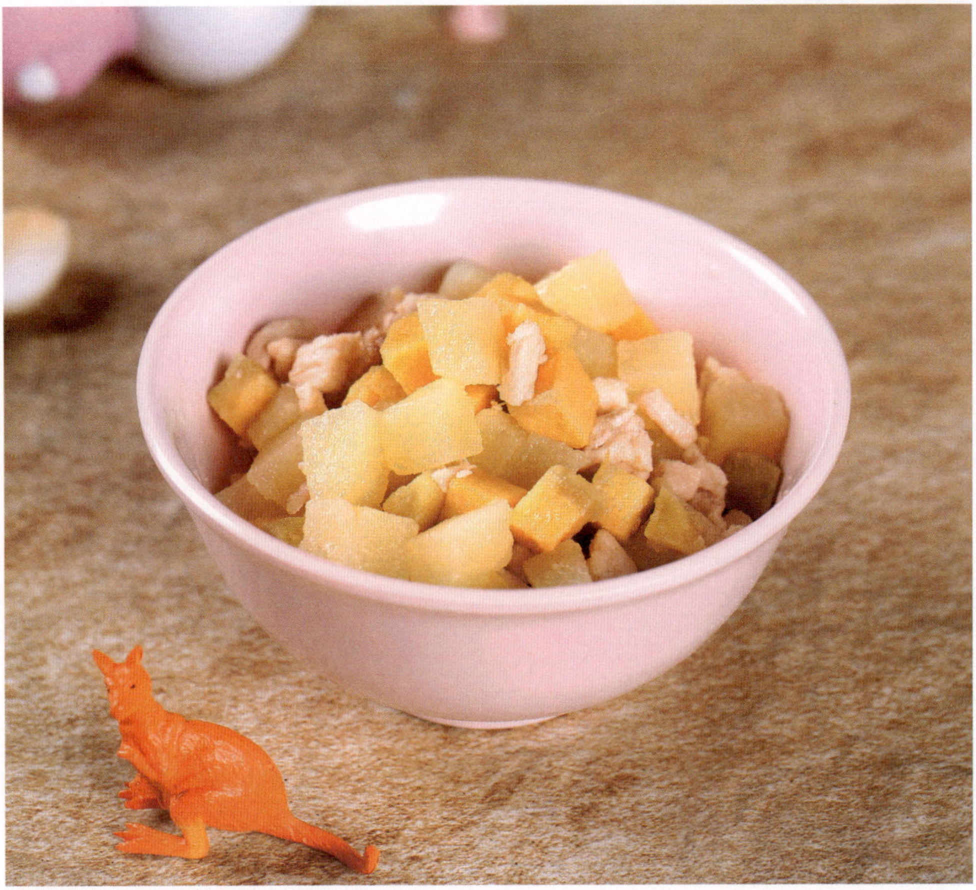

红薯鸡肉沙拉

白薯、红心红薯……各 60 克
鸡胸肉……………………70 克

1 洗净去皮的白薯、红薯切成条，再切成丁。

2 洗净的鸡胸肉切成条，再切成丁，待用。

3 锅中注入适量的清水大火烧开，倒入白薯丁、红心红薯丁、鸡肉丁，搅拌均匀。

4 盖上锅盖，大火煮 10 分钟至熟。

5 掀开锅盖，淋上少许葡萄籽油，搅拌片刻，使食材入味。

6 将煮好的菜肴盛出即可。

鸡胸肉比较细腻，切好后可以先用生粉腌渍片刻，口感会更好。

胡萝卜苹果炒饭

凉米饭……………………230 克
胡萝卜……………………60 克
苹果………………………90 克
葱花、蒜末………………各少许

苹果可以切得小一点；苹果切好后，为了防止其变色，可以放在盐水中浸泡待用。

1. 将洗净去皮的苹果切瓣，去核，切片，再切小块。
2. 洗净去皮的胡萝卜切片，切条，改切丁。
3. 用油起锅，倒入胡萝卜，加入蒜末，炒香，倒入米饭，翻炒松散，放入盐、鸡粉，炒匀，倒入葱花，加入苹果，炒匀。
4. 将炒好的米饭盛出，装盘即可。

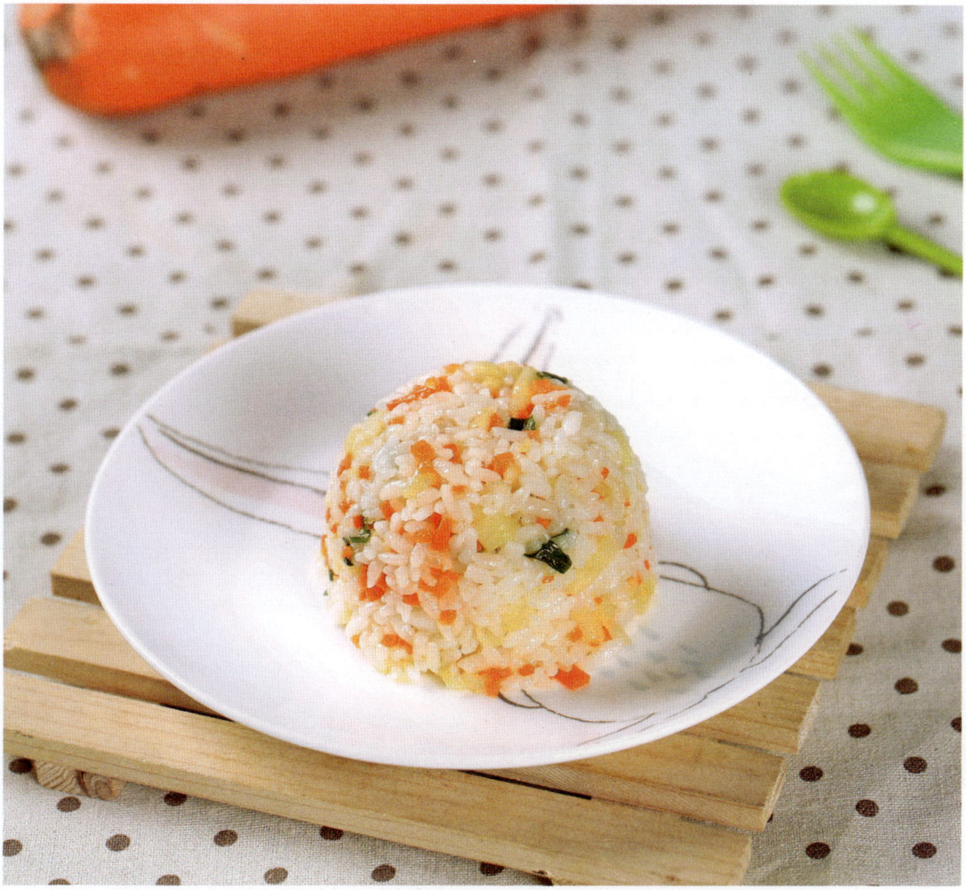

肉末碎面条

原料

肉末……………………… 50克
上海青、胡萝卜……… 各适量
水发面条…………………120克
葱花………………………少许

做法

1 将胡萝卜去皮洗净，切粒；上海青洗净切粒；面条切成小段；把切好的食材分别装在盘中，待用。

2 用油起锅，倒入肉末，炒至其松散、变色，下入胡萝卜粒、上海青，翻炒几下。

3 注入适量清水，翻动食材，使其均匀地散开，再加入盐，拌匀调味，用大火煮片刻。

4 待汤汁沸腾后下入切好的面条，转中火煮至全部食材熟透。

5 关火后盛出面条，撒上葱花即成。

烹饪技巧

面条切段时选择风干后的案板，以免沾水后黏在一起，不容易煮熟。

蛋黄拌鸡肉

原料

熟蛋黄…………………………40 克

鸡胸肉…………………………100 克

做法

1 熟蛋黄压碎，搅散。

2 处理好的鸡胸肉剁成肉末。

3 锅中注入少许清水，烧热。

4 倒入鸡胸肉，搅拌煮熟。

5 加入蛋黄，淋入少许芝麻油，搅拌均匀即可。

烹饪技巧

蛋黄含有蛋白质、卵黄素、维生素等成分，具有保护视力、益智健脑的功效。

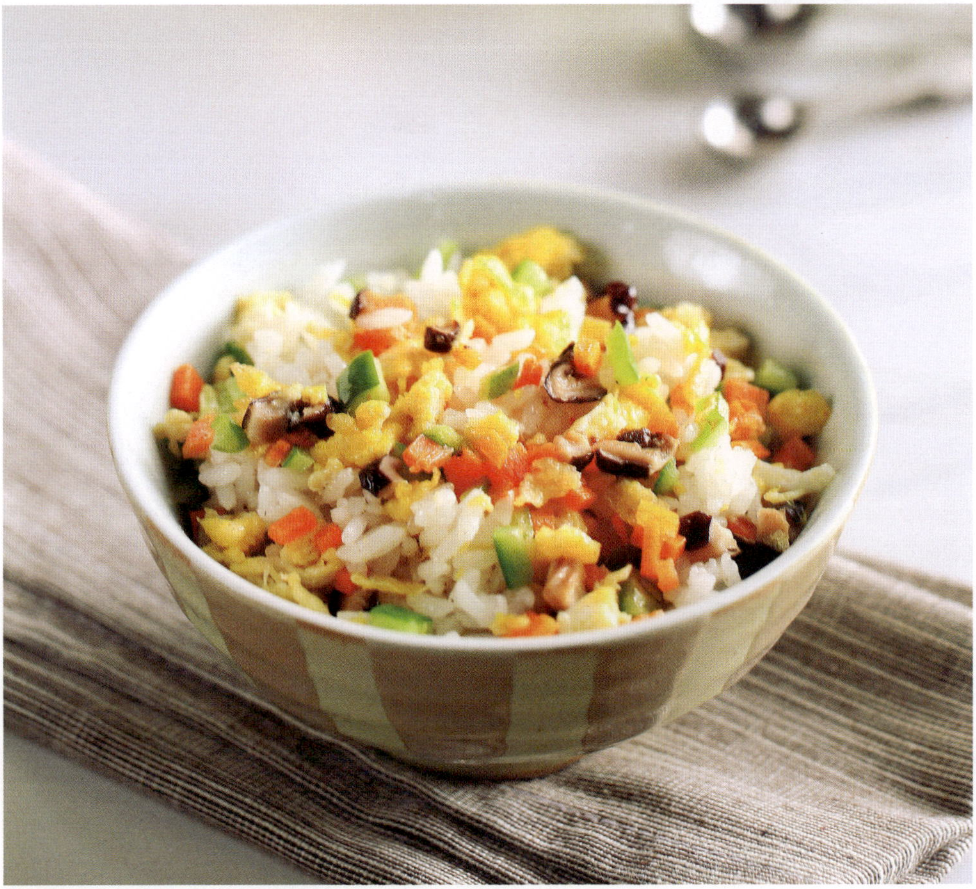

素什锦炒饭

米饭……………………200克
胡萝卜丁、香菇丁… 各50克
青椒丁、洋葱丁…… 各50克
鸡蛋…………………………1个

洋葱等食材有很好的促进食欲的功效，宝宝可多吃。

1 胡萝卜丁入沸水中焯烫，捞出沥干。

2 鸡蛋打散，入油锅炒至半熟。

3 锅中留余油烧热，下洋葱丁炒香，再加香菇丁煸炒。

4 倒入米饭、青椒丁、胡萝卜丁、鸡蛋，翻炒均匀。

5 放入盐调味即可。

豌豆粥

大米……………………………80 克

豌豆……………………………30 克

豌豆煮粥前先焯熟，能去除其豆腥味，宝宝会更爱吃。

1 锅中注水烧热，放入洗净的豌豆，焯熟后捞出，待用。

2 取料理机，放入豌豆，注入适量清水，将其打成泥，盛出碗中，待用。

3 砂锅中放入洗净的大米，注入适量清水，大火煮沸后转小火煮 30 分钟。

4 放入豌豆，拌匀，续煮 10 分钟。

5 放入盐，拌匀调味即可。

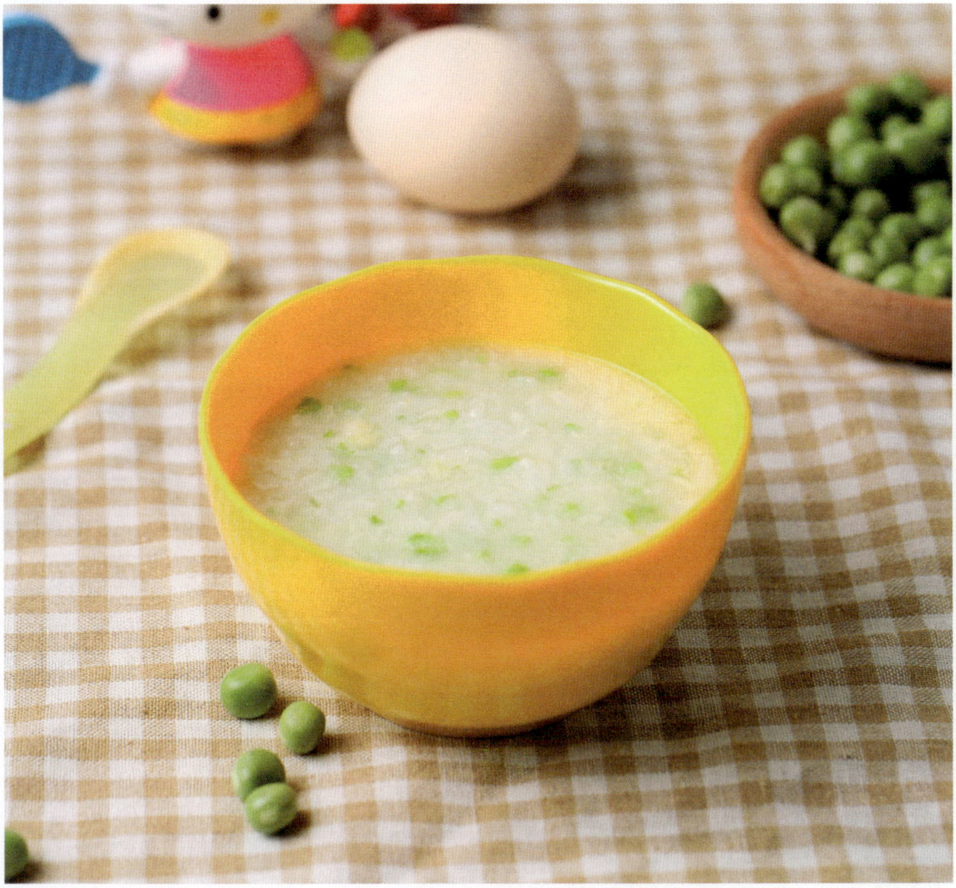

PART 4

2～3岁：创造力Up！变身小小发明家

2～3岁宝宝本领越来越大了，宝宝的变化一日千里，这个时候，你除了忙着赞扬，还有别的选择吗？家里已经不能满足宝宝的活动范围，他内心非常渴望外出，特别喜欢与小朋友一起做游戏。宝宝思维能力有了很大提高，当你洗衣服做饭时，宝宝也会热衷于“帮忙”。此阶段的宝宝不管是身体还是心智都发生了很大的飞跃，宝宝对新鲜事物的探索精神常常让你疲于应付。

左脑开发方案

 语言智能

2～3岁的宝宝能用语言与他人交谈，知道如何提问和回答问题，在这个阶段父母一定要注意使用规范的语言让孩子学习掌握并语法，鼓励孩子多与他人，特别是同龄人接触，使得孩子在正常的交往中学习运用语言。

小兔真乖

●开发目标

帮助宝宝了解生活常识，提高语言表达能力。

●互动游戏

先准备好小篮子、蘑菇、萝卜、白菜等一些玩具或图片。妈妈可把蘑菇、萝卜、白菜等图片分开放在距离宝宝大约两米左右远的地方。宝宝扮演着小白兔，妈妈扮演兔妈妈，一蹦一蹦地对着宝宝说：“兔宝宝，跟妈妈一起去找吃的吧！”当宝宝蹦到白菜玩具面前时，妈妈问道：“宝宝，我们该找到什么好吃的了？”宝宝回答：“白菜。”妈妈可让宝宝拿起白菜玩具，再放到篮子里。接下来指引宝宝继续往其他玩具处蹦跳，再次问宝宝的时候，应该注意指引让宝宝把话说完整。

专家提示

该游戏能丰富宝宝的生活常识、语言知识，还可锻炼宝宝的跳跃能力。

反着说词语

●开发目标

锻炼宝宝语言思维的敏捷性。

●互动游戏

准备一些宝宝熟悉的玩具，如玩具汽车、玩具手枪、积木、皮球等。妈妈拿出玩具，对着宝宝说："今天我们来做一个游戏，看看谁说得对。"妈妈可先让宝宝依次说出玩具的名称，接着，妈妈再说出玩具的名称，一个顺着讲，一个倒着讲，交替着进行，可让宝宝判断对错。如"皮球"，妈妈故意说成"球皮"，可让宝宝进行纠正。妈妈指导宝宝也顺着说和倒着说交替进行，让妈妈判断对错。游戏可从易到难逐渐增加难度，开始慢慢说，随着加快语速，接着再由两个字增加到三个字，最后到简单的句子。

专家提示

这个时期的宝宝已经能够判断一些词语的对错了，与宝宝玩这个游戏，让宝宝的语言领悟和理解能力得到提升。

玩偶间的对话

●开发目标

增强宝宝的对话和想象能力。

●互动游戏

妈妈和宝宝各自戴上一个手偶，均扮演着不同的角色，例如扮演小红帽与狼外婆的故事，一人做“小红帽”，一人做“狼外婆”，和宝宝一起表演故事情节。

开始的时候故事情节可稍微简单点，便于宝宝能够记下来，重复表演几次之后可让宝宝插入一段新的故事情节，这样可让故事情节更加生动。

如果宝宝想象得过于离奇，妈妈可将宝宝的思路拉回正题，让故事继续下去。

专家提示

手偶游戏如同话剧创作，能够随时变化，可让宝宝进入到故事角色中，增强宝宝的语言表达能力以及想象力。

故事说错了

●开发目标

练习宝宝的语言表达能力。

●互动游戏

妈妈选择一本经常给宝宝讲的图画书，就像平常一样读故事给宝宝听，读完几页后，开始改编故事。在妈妈把故事“改编”之后，需要停顿一下，看着宝宝有什么反应，假如宝宝说：“不正确，妈妈说错了！”，就要回到书中，继续讲完正确的故事；假如宝宝还是没反应，妈妈就要给宝宝一些提示，直到宝宝想起来为止。妈妈还可用一首宝宝喜欢的歌曲，把歌词唱给宝宝听，看看宝宝的反应。

专家提示

听故事游戏能提高宝宝的理解能力和专注力，不但知道情节的变化，还能知道故事里的一些细节。

一起看电视

●开发目标

培养宝宝的社交能力。

●互动游戏

妈妈跟宝宝一起看动画片，再和宝宝讨论在电视里看到的画面。妈妈还要鼓励并且指导宝宝把主要情节演出来，在宝宝表演以后，妈妈需要用掌声多给宝宝鼓励，最好不要打消宝宝的积极性。有条件的话可为宝宝提供一个小型的家庭模仿秀，让宝宝跟家庭中的成员进行互动，一起模仿画面中的人来进行比赛，扮演不一样的角色进行对话，并选宝宝为“明星”宝宝，可奖励一个自己喜欢的玩具。

专家提示

用表演的方式，能够锻炼宝宝的社会交往能力，并能让宝宝更加熟练地运用不同的生活语言。

逻辑思维智能

2～3岁的宝宝活动范围变大，父母应该给宝宝创造宽松的环境，让宝宝尝试多问一些问题，多观察事物，帮助宝宝提高分析能力、推理能力及总结能力。

倒下的多米诺骨牌

●开发目标

培养宝宝的逻辑思维智能。

●互动游戏

可利用积木来玩多米诺骨牌游戏。妈妈和宝宝一起把积木一一立起来，排成一排，就像多米诺骨牌一样。接下来让宝宝从一头把它们推倒，妈妈需要引导宝宝观察积木倒下的过程。还可让宝宝用嘴“呼—”地把骨牌吹倒；也可让宝宝在较低的地方排列，选择用气球把多米诺骨牌推倒。接下来问宝宝：“骨牌都是如何倒的？”、“怎么会这样倒？”假如宝宝回答不了，妈妈就要给宝宝简单解释一下，最后再重复这个游戏。

专家提示

骨牌游戏十分有趣，妈妈可让宝宝在电视、电脑上观看这类游戏，还可指引宝宝进行思考。

光和影的游戏

●开发目标

锻炼宝宝独立思考的能力。

●互动游戏

妈妈和宝宝一起站在阳光下，让宝宝观察地上的影子，可让宝宝说一下哪个影子比较大、哪个影子比较小。让宝宝左右晃一晃，看着自己的影子有什么变化。让宝宝跳一跳，看着自己的影子会有什么变化。找一个阴凉的地方，再问问宝宝影子怎么不见了。接着让宝宝对比妈妈的影子和自己的影子有什么不一样。

专家提示

此游戏让宝宝对光与影的关系有了初步的思考，且增长自然知识和逻辑思维能力。

小兔过纸桥

●开发目标

提高宝宝的观察力、多次反复尝试能力和探索与思考的能力。

●互动游戏

准备普通纸、硬纸板、小积木、动物玩具。对宝宝说："小兔子要到河对岸去，宝宝帮忙搭座小桥！"宝宝用积木和普通纸条搭小桥，宝宝把小兔放到桥上。妈妈引导宝宝观察桥发生的变化，问宝宝："小桥怎么回事？"让宝宝感受普通纸条的承重力。接下来让宝宝用硬纸板给小兔搭桥："给小兔搭一座桥，小兔试试。"让宝宝感知硬纸板的承重力。

专家提示

该游戏能帮助宝宝感知普通纸条和硬纸板的承重力是不一样的，提高宝宝的思考、判断能力。

用纸盒做枪

●开发目标

让宝宝感知从高度不同的小孔中喷出的水柱喷射的距离不同。

●互动游戏

先准备牛奶盒、剪刀、胶带、清水、能漂浮的玩具大灰狼。指引宝宝制作纸盒水枪，再用剪刀在牛奶盒一侧扎上几个小洞，并且用胶带封住。接着妈妈把玩具大灰狼放到水中说："瞧！'坏蛋'逃到水里去了，我们赶紧用水枪打吧！"先让宝宝在纸盒里盛满清水，再把胶带猛撕掉，对准"坏蛋"用"水枪"打。引导宝宝观察和比较水柱的远近。

专家提示

这个游戏能培养宝宝比较高低、远近的能力。

方巾没湿

●开发目标

锻炼宝宝对科学产生兴趣与思考。

●互动游戏

准备三块方巾、两个塑料杯子和一个小盆。对宝宝说："今天要变魔术，让这块方巾放到水中却不湿。"把两块方巾分别塞进两个塑料杯子中，使得方巾不会掉下来。将一个杯子垂直倒扣着放进盆中，另外一个杯子斜放进盆中。过一会，把两个杯子从盆中取出，再让宝宝取出杯子里的方巾认真观察，垂直放在水中的杯子内的方巾并没有湿。还可以告诉宝宝没有湿的原因是由于空气空气隔开，水不能流入杯子里面，所以放在水中的方巾没有湿。

专家提示

在这个游戏中可让宝宝了解空气的作用，发挥推理能力。

颠倒位置游戏

●开发目标

挖掘宝宝解决问题的本领，增加宝宝的辨别力、判断能力。

●互动游戏

爸爸将牙膏挤在牙刷背部，反而不是牙刷毛上。看看宝宝能不能说出爸爸哪里做得不正确，再让宝宝按照对的方式做一次。

抱着宝宝，再反着拿一本图画书，开始读。看看宝宝能否找出来这种拿书的方式有哪里不对。假设找对了，可让宝宝说出正确的方式。

通过在花瓶里面倒出来些许水，再告诉宝宝，这个是妈妈给宝宝要喝的一杯水，看看宝宝是不是可以说出来花瓶里的水不是用来喝的，并且要一个杯子。

让宝宝穿上一双鞋，在鞋子上面再穿上一双袜子，看着宝宝是否能说出不正确的地方，并且能纠正过来。

当宝宝指出不对时，爸妈要及时夸奖，还可选择其他的道具继续进行游戏。

专家提示

日常游戏可培养宝宝的自我生活本事，还可锻炼宝宝判断正确与错误的能力，并且启示宝宝要自己解决自己的问题，从这些游戏中提高宝宝的逻辑思维能力。

数学智能开发

2 岁多的宝宝能够分清楚 10 个左右的数字，且会学着写简单的数字，思维更有条理性了，能够根据一定的秩序，对着事物进行分析和探索，还可以掌握简单的运算，有基本的计算能力。

用杯子量米

●开发目标

让宝宝学会使用量具。

●互动游戏

妈妈准备几个大小不同的杯子，再用最小的一个杯子作为量具，看看哪个杯子装的米最多。用大碗装一些米放在宝宝面前，用一根筷子把每次用小杯子舀出来的米在杯口刮平，使得每杯米都大致相同，再将量出来的米倒入大的杯子里，看看最大的杯子能够装几小杯子米。再用同样的方法将米倒入次大的杯子中，看次大的杯子能够装几小杯子米。通过实践，这样宝宝就可以知道大号杯子能装几杯米了。

专家提示

这个游戏能够让宝宝把数量结合起来，让宝宝的数学知识变得丰富。

排列数字

●开发目标

提高宝宝对数字排列顺序的认知能力。

●互动游戏

先让宝宝复习一下 1 ～ 10 的数字。然后在摆 10 的地方，用 1 换掉 0，成为 11；再用 2 换掉 1，成为 12；再用 3 换掉 2，成为 13；再用 4 换掉 3，成为 14；再用 5 换掉 4，成为 15；再用 6 换掉 5，成为 16；再用 7 换掉 6；成为 17；再用 8 换掉 7，成为 18；再用 9 换掉 8，成为 19；最后用 20 换掉 19，成为 20。反复进行游戏，并让宝宝一边动手换数，一边自己念数字。

专家提示

通过这种游戏方式可让宝宝认识更多的数字，对以后的计算能力有所提升。

派发樱桃

●开发目标

训练宝宝给数字排列顺序，以及了解数和量之间的关系。

●互动游戏

准备好 1 到 10 的数字卡片，及一些樱桃。妈妈面向宝宝出示 1 到 10 的数字卡片，引导宝宝读出卡片上的数字，和宝宝一起按着顺序把数字卡片排成一排。接下来指导宝宝给数字卡片发樱桃，数字是几就发几个樱桃。要让宝宝介绍自己的操作，操作正确，妈妈就要及时表扬。

专家提示

这个游戏可锻炼宝宝按着数字发放相等数量的物品，体会到数和量中间的关系。

猜一下数字

●开发目标

培养宝宝的数学智慧。

●互动游戏

妈妈准备好几张数字卡片，按大小顺序念给宝宝听，告诉宝宝排在后面的数字比前面的数字大。妈妈一手拿着数字 5，一手拿着数字 2，问宝宝："哪个大？"妈妈从数字卡片中随意抽出一张放到背后，让宝宝猜一猜是几。假如宝宝说小了，妈妈可以提示说："小了。"如果宝宝说大了，妈妈可提示宝宝："大了。"直到宝宝说对为止。

专家提示

这个游戏可帮助宝宝识别大小，理解数字间的关系。

4 自然智能开发

随着年龄的增长，宝宝也变得见多识广，可掌握事物内部或事物之间的相互关系，且懂得很多基本自然常识，父母应该鼓励宝宝多观察、多思考、多探索自然界。

学着拿筷子吃饭

●开发目标

训练宝宝正确使用筷子。

●互动游戏

吃饭时，妈妈可为宝宝准备一双儿童专用的筷子，接着让宝宝学着自己用筷子夹菜吃饭。假如宝宝不会，妈妈需要耐心教宝宝，握着宝宝的手，帮助宝宝将筷子对齐，扶着宝宝的手，帮他夹菜。还要鼓励宝宝说："宝宝真聪明，会自己用筷子。"宝宝听着妈妈的鼓励后，会笨拙地一次次练习，妈妈要一次次鼓励他。练习多遍之后，宝宝就可以夹到一点菜送到嘴里。

专家提示

学习用筷子吃饭能够锻炼宝宝手部灵活性。能够学会正确使用筷子，宝宝才能够进食自如，学会独立。

堆雪人

●开发目标

与大自然亲密相处，培养宝宝乐观的情绪。

●互动游戏

爸爸先滚一个大雪球作为雪人的身体，接着滚一个稍微小一点的雪球当作雪人的脑袋。再让宝宝找来石头，作雪人的眼睛，用胡萝卜作雪人的鼻子，再找一些松树枝作雪人的头发。雪人堆好后，爸爸可给宝宝与雪人拍照留念，还可在雪人旁边边跳舞边唱儿歌："堆堆堆，堆个大雪人，圆圆脸儿胖墩墩。大雪人，真够神气，站在院里笑眯眯。不怕冷，不怕冻，和我们一起做游戏。"

专家提示

与大自然亲密相处，可以增强宝宝的想象力和动手能力，使宝宝的身体和心理潜能都得到良好开发。但父母要注意，宝宝的抵抗力还不强，做户外运动的时候一定要注意保暖。

学剥蛋壳

●开发目标

提高宝宝的生活自理能力。

●互动游戏

煮好多个鸡蛋，稍微晾凉后，妈妈和宝宝一起来剥蛋壳。

妈妈先来给宝宝做示范：将鸡蛋在桌子边上敲两下，让蛋壳有裂痕，接着顺着裂痕把蛋壳一点一点剥掉。接着让宝宝模仿妈妈的动作，给鸡蛋剥壳。开始宝宝可能剥得不够好，妈妈要教宝宝先用大拇指和食指一点一点地剥，很快宝宝就能够学会剥蛋壳。剥完蛋壳后妈妈要表扬宝宝，让宝宝品尝自己亲手剥的胜利果实。

专家提示

学习一下剥蛋壳的方法，能够使得宝宝掌握简单的生活技能。假如宝宝实在学得较慢，可从简单的剥糖纸开始，慢慢锻炼几次，再剥蛋壳。

辨识性别

●开发目标

帮助宝宝认识自己的性别。

●互动游戏

准备些许图片，上面画有男孩、女孩、上学、吃饭、运动等画面。

让宝宝辨认图中谁是女孩，谁是男孩，谁是弟弟，谁是哥哥，谁是妹妹，谁是姐姐。让宝宝说一下男孩和女孩在头发、衣着、身体特征等方面的不同。让宝宝说说自己与图中的哥哥或姐姐有哪些地方是一样的，说一下自己是男孩还是女孩。妈妈带着宝宝外出时，可一起来辨别男女，如买衣服时，告诉宝宝什么衣服适合男孩穿，什么衣服适合女孩穿。妈妈可问："宝宝会穿什么样的衣服呢？"好让宝宝自己认识自己的性别。

专家提示

宝宝有了自我意识后，就可逐渐培养宝宝的性别意识，这是宝宝自然智慧的重要内容，只有宝宝对自己的性别有了正确的认识，才能很好地扮演性别角色，控制好自己的行为。

5 听觉记忆智能开发

这个时期的宝宝已能辨识出不同的声音，还能判断旋律的优美，爸妈在这个阶段应该给宝宝多听不同声音，提高宝宝的韵律感。

手指钢琴

●开发目标

训练宝宝对着音乐的听觉能力。

●互动游戏

妈妈和宝宝面对面坐着，伸出手，告诉宝宝，右手食指是“Do”，中指是“Re”，无名指是“Mi”，小指是“Fa”，妈妈把这些音节用笔写在宝宝手指上。

接着妈妈再告诉宝宝，左手小指是“So”，无名指是“La”，中指是“Si”，食指是“Do”（高音），同时把音符写在手指上。

都写好之后，妈妈先让宝宝练习从中音“Do”到高音“Do”。唱的时候宝宝要碰触妈妈的手指，每碰一根指头就跟着唱其代表的音符，反复练习几次。等到宝宝熟悉以后，妈妈就可和宝宝一起“创作音乐”。

专家提示

妈妈和宝宝在一起练习音乐，能够让宝宝的听觉变得更加灵敏，丰富宝宝音乐方面的知识，还可以锻炼宝宝的发音，促进母子之间融洽相处。

练习
传话筒

●开发目标

有助于宝宝听力的训练。

●互动游戏

爸爸、妈妈分别待在两个房间，宝宝与妈妈待在一个房间，妈妈在宝宝耳边轻声说："宝宝帮忙去找爸爸，妈妈要一杯水。"宝宝来到爸爸的房间，再把妈妈的话重复说给爸爸听。爸爸根据宝宝所说的内容把妈妈需要的东西交给宝宝。

宝宝拿回的东西假如是对的，妈妈就要夸奖宝宝；倘若宝宝拿来的东西是不对的，妈妈就要重新说一遍，再让宝宝去找爸爸。

专家提示

这个游戏有助于宝宝听力的训练，且需要将听到的指令再传递给别人，这又是一个加强记忆的过程，还能提高宝宝的听觉记忆智能。

打雷

专家提示

依据音乐或者口头指引敲击着不同的物品，能够让宝宝感受到音乐的表现力。

●开发目标

帮助宝宝辨别不同材料的物品发出的声音。

●互动游戏

准备一些可敲出声音的小物品：小勺、饼干罐、大纸盒或蛋糕盒、瓷盘或玻璃瓶。

妈妈可先让宝宝自由敲击蛋糕盒、瓷盘、小鼓、桌子等物品，让宝宝聆听到不同的声音。

妈妈可在一边敲击瓷盘或玻璃瓶，一边说："滴滴滴，下雨了。"妈妈一边用小勺敲击蛋糕盒或大纸盒，一边说："轰隆隆，打雷了。"接着妈妈一边敲击桌面，一边说："咚咚咚，有人敲门啦。"妈妈要尽可能用稳定的节奏指引宝宝，并且让宝宝跟着敲击，逐渐让宝宝自己根据妈妈说的"打雷"或"下雨"的指令敲击不同的物品。

在宝宝熟悉游戏之后，妈妈还可在敲击不同物品的同时，指引宝宝遇到这种情况应该做出怎样的动作。如妈妈再用小勺敲击玻璃瓶，宝宝可将双手放头顶下雨；妈妈用小勺敲击大纸盒，宝宝可用双手捂耳朵表示打雷。

跟着节奏拍拍手

●开发目标

训练宝宝的听觉能力。

●互动游戏

妈妈可让宝宝先学着拍手，妈妈再连拍三下停一秒钟，让宝宝也模仿这种方式拍手。妈妈再连续拍打 4 次，让宝宝照样连着拍。宝宝学会以后，用录音机放上一段节奏明显的音乐，让宝宝跟着节奏拍拍手，看着宝宝是不是拍对了。假如不对，妈妈也不能责怪宝宝，不能打消宝宝的积极性；假如拍对节奏，可再让宝宝试试一段节奏不太明显的抒情乐曲，让宝宝拍手分辨节奏。

专家提示

这个游戏通过宝宝听不同的音阶，可以丰富宝宝的音乐才能，还能锻炼听力的敏锐性。

右脑开发方案

 形象思维智能开发

这个时期的宝宝已能清楚地分辨出来各种图形，还能认识点、线、面的基本概念，爸妈在这个阶段应该鼓励宝宝多画一画，即便是宝宝信手涂鸦，也能开发宝宝的形象思维智能。

摆弄积木

●开发目标

锻炼宝宝的形象思维能力。

●互动游戏

妈妈先准备一些不同形状的积木，比如说长方形、正方形、圆形、三角形等。再准备一些图片，比如苹果、电脑、绳子、屋子等。妈妈用积木摆出来圆圆的形状，再问宝宝："宝宝看一下这个像什么呀？"假如宝宝回答不上，妈妈就可拿苹果的照片给宝宝看。接着让宝宝自己动手将积木摆成圆形。

专家提示

这个时期的宝宝，已经能够初步认识到简单的形状，这个时候父母可引导宝宝把相同形状的物品联系起来，以增强宝宝的形象思维能力。

画直角

●开发目标

让宝宝学会画正方形。

●互动游戏

爸妈给宝宝准备好纸和笔，接着可让宝宝画画竖线，再画相同长度的横线。在竖线的最上端画横线，就会出现下面直角；在横线的末端向上画竖线，就会出现上面的直角。边画边教会宝宝正方形四周的边线都是相同长度的。

还可教宝宝开始先画十字，然后再画出正方形。教教孩子先会画直角，将二者合拢就成正方形。会画方形以后就可学写更多汉字，例如口、日、白、月、中、田、回等。孩子一边模仿着写字，一面可画方形的办法学着画画。

专家提示

宝宝刚学会画直角、正方形是从学着写有正方形的汉字的开始，这使得宝宝的形象思维有着非常大的进步。父母应该多给予宝宝鼓励，才能让宝宝更加爱上练习。

树叶真美

●开发目标

丰富宝宝对色彩和图形的感觉。

●互动游戏

准备一支水彩笔、一瓶胶水和几张白纸。在天气比较好的时候，带着宝宝到大树下捡些树叶，可让宝宝将树叶收集以后带回家。妈妈把树叶洗净并且晾干，让宝宝说一下树叶的颜色和形状。接着按住树叶，再让宝宝用水彩笔把每片树叶的大致的样子描出来。最后，给宝宝一瓶胶水，让宝宝发挥想象力将树叶拼成一幅图。妈妈还可把宝宝的画挂在墙上，让宝宝有成就感。

专家提示

这个游戏能够让宝宝接触更多事物的色彩、形状，还可练习宝宝的握笔和手眼协调能力，充分发挥宝宝的想象力。

动物都在哪

●开发目标

可让宝宝学习更多的方位词。

●互动游戏

先备好一颗大树的图片和不同小动物卡片，剪成轮廓图。妈妈随意的在树上、树下、树前、树后摆上不同动物，再问宝宝“树上是什么动物？”、“谁在树下呢？”、“树前面的是谁？”，让宝宝完整地说出小鸟在树上、小狗在树下、小鸡在树前、小猪在树的后面等。等宝宝熟悉地说出来后，妈妈还可以增加各个方位小动物的数量以及种类，再次让宝宝完全说出来谁和谁在树上，或者几只小鸟在树上等。

专家提示

采用问话的方式，能够让宝宝更加熟悉前后、上下等方位词，且能训练宝宝说出完整的句子，有利于提高宝宝的语言能力。

空间思维智能开发

在爸妈的引导下，宝宝已能掌握最基本的方位概念，能熟练分辨上下、左右、前后、里外，父母应该多利用各类图形以及积木与宝宝玩游戏，帮助宝宝理解事物立体图形及特征。

踢球入门

●开发目标

初步树立宝宝的方向感。

●互动游戏

准备两把椅子,以及几个贴有字卡的皮球。妈妈将两把椅子椅背相向放在地上，中间距离 1.5 米左右的距离作为球门。妈妈作为示范，先让宝宝以比较近距离、自由地向着“球门”中踢球。

接着宝宝可以按着妈妈的指令，把贴有相应字卡的皮球踢进球门。跟随着宝宝踢球水平的提升，可变化宝宝与“球门”的距离，或者将两把椅子距离拉近，缩小“球门”，用来提升进球的难度。妈妈还可在宝宝踢球的时候，为宝宝唱着儿歌：“宝宝，力气大，飞起来一脚射门啦；球儿圆，还真听话，蹦跶进门啦。”

专家提示

这个游戏能够帮助宝宝在玩要中学着识别汉字，还能够发展宝宝的运动智慧，更为重要的是能够帮助宝宝把握方位感，提高空间方位智能。

说一下方位反义词

●开发目标

宝宝学会不同的方位名称。

●互动游戏

妈妈把门打开，宝宝站在屋里，妈妈站在屋外，再告诉宝宝：“妈妈站在屋外，宝宝站在屋里边。”

吃饭的时候，宝宝用左手拿碗，妈妈可问以下宝宝：“宝宝拿碗的手是左手还是右手？”假如宝宝回答正确，妈妈还要给予赞赏；如果回答错误，妈妈也要及时纠正。

吃完饭的时候，让宝宝站在妈妈后面，妈妈向前走，让宝宝在后面也跟着走。走的时候告诉宝宝：“妈妈在宝宝的前面，宝宝在妈妈的后面。”指引宝宝理解前后的意思。

专家提示

假如宝宝常常参加这类的游戏，对于这些方位词能够更快理解。这样不仅能够丰富宝宝的词汇量，还有可能帮助宝宝学习判断空间方位。

跟玩具一起捉迷藏

●开发目标

提升宝宝理解简单的方位词。

●互动游戏

妈妈指引宝宝拿出动物玩具，“宝宝，让我们一起来跟玩具捉迷藏吧！”让宝宝把玩具藏起来，再由妈妈去寻找，当找到之后再用语言表述动物玩具的方位，比如说“小兔在桌子下面”等。

然后由妈妈把玩具藏起来，再让宝宝寻找，找到之后需要指引宝宝用简单的语言表述，且感受具体的方位。

妈妈在藏玩具的时候，应该有意识地把玩具藏在宝宝比较容易发现的地方，比如床的上面或下面，还可逐渐增加难度，例如将玩具藏在衣柜里面。

如果宝宝对上面、下面、里面这些方位感觉理解比较好，还能添加外面和后面等。当宝宝只用手指点方位的时候，妈妈应该指引宝宝再用语言表述，例如：“小老虎躲在柜子的什么地方呢？”游戏可以重复进行。

专家提示

这个游戏能够帮助宝宝识别较多的空间方位，比如上下、里外、高低等，还能够发展宝宝的探索欲望，提高宝宝的空间方位感。

3 创造性思维智能开发

这个时期是宝宝创造性思维智能发育的关键时期，父母应该多注意激发宝宝的探索和求知欲望，用来帮助宝宝学习到更多的知识，开启宝宝的想象力、创造力及动手动脑能力。

圈、线、点的图画

●开发目标

锻炼宝宝的观察和动手能力。

●互动游戏

妈妈先教会宝宝学会画长线和短线，再让宝宝学着画“十”字。让宝宝学会画圈、线、点以后，可让宝宝再用这些元素画画，比如画小鸭子，画个小圈做头，画个大圈或不规则圈做身体，接着由妈妈画好细线和点做脚和眼睛。妈妈还可以教会宝宝画大树和太阳，都是用圈和线画成的；还可以让宝宝画成汽车，最开始画的汽车也可用圆形完成，例如用半圆做成车身，小圆做轮子，在车身上画上圆形的门窗。最后让宝宝在画上涂上颜色，可以让宝宝发挥自己的想象，随意涂。

专家提示

该游戏能够提升宝宝自己的动手能力，且通过妈妈的演示，宝宝也会学着认真观察，对培育宝宝的观察力及组合能力都会有所帮助。

做鬼脸

●开发目标

丰富宝宝的面部表情，发展创造性思维。

●互动游戏

准备好各种不同表情的图片，比如瞪大眼睛、吐舌头、哈哈大笑、闭眼睛、撇嘴等。妈妈面向宝宝，妈妈一边说一边做着“鬼脸”，再带宝宝做“鬼脸”，一个接着一个地做。再让宝宝按照图片做出相应的表情。

专家提示

这些游戏能锻炼宝宝的想象力和模仿力。妈妈还要告诉宝宝，这个只是一个游戏，不能对着人做鬼脸，那样是不礼貌的表现。

图形变形

●开发目标

培养宝宝的思维、想象、模仿能力。

●互动游戏

妈妈可先在纸上画出不同的图形，再指导宝宝在画好的图形上添画成其他物品。妈妈可先做示范：将圆形添画成太阳、橘子、樱桃、番茄、向日葵等；再让宝宝将三角形添画成支架、彩旗、头巾等；再将椭圆形添画成橄榄球、鸡蛋、镜子等；长方形添画成柜子、桌子等；正方形添画成皮箱、凳子、手帕等。

专家提示

这个游戏可以丰富绘画的内容，用来提升宝宝动手能力、创新能力和思考能力。

学做小服装设计师

●开发目标

培养宝宝的创作能力和审美情感。

●互动游戏

妈妈和宝宝一起在纸上画一些服装的轮廓，例如背心、裤子、袜子等。画好之后，让宝宝给这些服装涂上颜色，还可在衣服上画上各种纹样和图案。最后将宝宝画好的服装剪下来，再搭配起来，贴在宝宝的床头或者粘贴在有作品的地方。

专家提示

学着让宝宝自己动手制作一些东西，这样能够锻炼宝宝的手部灵活性，还能让宝宝的思维更为活跃。

黏土花盆

●开发目标

锻炼宝宝的创新能力。

●互动游戏

宝宝教宝宝用布丁盒做花盆，妈妈将宝宝吃完的布丁盒底钻一个洞，用做花盆的排水口。

把盒子洗净，干了之后，用水彩在盒子外侧涂上颜色，画上一个脸或者可让宝宝贴上自己喜爱的贴纸。

妈妈可把“花盆”放在阴凉的地方晾干，把已经准备好的泥土倒进“花盆”中，再种植花朵。

专家提示

有些用完的东西还能拿出来重复利用，这样既可锻炼宝宝自己动手制作东西能力，还能提升宝宝的思维能力。

4 肢体协调智能开发

宝宝这个时期可平稳地行走，能够单脚站立，奔跑和跳跃能力都比较好，身体还能协调配合地运动，并且还能保持平衡。父母应该多让宝宝和同龄孩子一起玩玩，活动一下手脚，做一些简单的运动。

比较一下谁可单脚站得稳

●开发目标

锻炼把身体的重心落在单脚上，用单足保持身体平衡。

●互动游戏

妈妈和宝宝面对面站立，牵住宝宝的手，再和宝宝同步抬起左腿，等待宝宝站稳之后，妈妈放开一只手，只是相互牵着一只手使得身体站稳。

再过一会儿妈妈可选择放开另外一只手，两个人都单足站立。

为吸引宝宝的兴趣，妈妈还可开始数数，看一看谁站立的时间较长。

专家提示

会熟练走路的宝宝能够在短时间之内把重心放在单足上，在踢球、跑步时都会暂时单足负重。再进行这个游戏，能够延长宝宝单足站立的时间，为以后学会攀爬、舞蹈等打好基础。

钓小鱼

●开发目标

发挥宝宝的手部控制能力。

●互动游戏

妈妈先要准备好积木及各种颜色的回形针和纸，还有带吸铁石的钓鱼竿。再用各种颜色的纸做成大小不同的“鱼”，在每条“鱼”身上别上回形针，并且用积木把“鱼”围起来，引导宝宝让钓鱼竿上的吸铁石碰到“鱼”身上的回形针，再把“鱼”钓上来。钓完之后，让宝宝数一下自己共钓了几条“鱼”，每种颜色的“鱼”各有多少条，哪种颜色的最多，哪种颜色的最少。

专家提示

这个游戏锻炼宝宝抓住钓鱼竿，控制钓鱼竿，再把“鱼”钓上来，能发展宝宝的手眼协调能力和手部控制能力，还可增加宝宝对颜色、大小、数量的感知。

爬“大树”

●开发目标

提升宝宝的肢体协调能力和体能，培养宝宝勇敢的精神。

●互动游戏

爸爸妈妈带着宝宝去动物园看猴子，并且和宝宝说一说猴子的样子与喜好；爸爸对宝宝说：“你来做猴子，爸爸做大树，我们玩玩一个猴子爬树的游戏吧！”爸爸要先选择一处较大的空间，然后伸出一只手臂做树枝，让宝宝双手抓住，身体悬挂在“树枝”上，爸爸轻轻摇动手臂，让宝宝在手臂上荡秋千；爸爸再伸出另外一只手臂，鼓励宝宝慢一点爬过去。

专家提示

这个游戏不但提高宝宝肢体的灵敏度和协调性，还能够增加亲子关系，对宝宝性格的形成有着积极作用。

小小沙锤

●开发目标

提升宝宝肢体的协调能力。

●互动游戏

准备好儿童音乐磁带、沙子、小饮料瓶、小勺。妈妈让宝宝用小勺舀起沙子装进小饮料瓶内，装到一半之后拧紧饮料瓶的盖子，一个简易的“沙锤”就做好了。妈妈再用录音机播放宝宝喜欢的歌曲，并让宝宝拿着做好的“小沙锤”为乐曲伴奏，也可让宝宝拿着自制的“沙锤”跟着音乐的节奏摇动身体。游戏的时候，妈妈可用 DV 录下宝宝拿着沙锤伴奏的画面，等宝宝长大之后再放给宝宝看看，这是一份非常珍贵的回忆。

专家提示

让宝宝练习用小勺舀物品，可提高手眼的协调能力和手的控制能力；再练习用沙锤伴奏，能够培养节奏感。

夹球

●开发目标

培养宝宝双脚的灵活性。

●互动游戏

先准备彩色气球 1 个、纸盒或小筐 1 个、椅子 1 把，让宝宝和妈妈面对面站着或者蹲住，再用双手相互滚接、抛接彩球。

妈妈和宝宝坐在铺好的垫子上，用两手撑地，上身向后仰，用双脚争抢一个彩球，妈妈应该尽可能给宝宝夹球的机会，再让宝宝将球夹到椅子下面“球门”里的位置。

专家提示

这个游戏能够锻炼宝宝两臂支撑身体、双脚夹住球，以及弯曲屈膝、伸腿、抬脚等动作，对宝宝脚部的要求较高，这就要求宝宝有着比较好的灵活性。

人际关系智能开发

这个时期的宝宝开始对事物有独立自主的判断，形成基本的观念。父母应鼓励宝宝多与同龄的孩子在一起玩，了解人与人相处的方法，能够理解他人的立场，能够站在对方角度思考问题，能清楚认识自己的缺点和错误。

认识脸部表情

●开发目标

培养宝宝对人的情绪变化的认识能力。

●互动游戏

妈妈可寻找不同的表情图片，指引宝宝认识，例如激动的、悲伤的、大笑的、痛哭的、滑稽的等。试着问宝宝图片上的人分别是什么表情，让宝宝来模仿。妈妈还可找一张与当天宝宝情绪差不多的人物图片给宝宝看一下，好让宝宝也认识自己的情绪。

专家提示

此游戏能够帮助宝宝意识到他人的感受，提升宝宝的人际交往能力。

学说“谢谢”

●开发目标

培养宝宝与人为善、懂得关怀的情感。

●互动游戏

爸爸、妈妈、爷爷和宝宝一起玩坐公交车的游戏。一开始妈妈带着宝宝上公交车，爸爸扮演作车上的乘客，这个时候车上已经没有座位。爸爸看见妈妈抱着宝宝上车之后，就要从座位上站起来说："你们坐这里吧。"妈妈要指导宝宝说："谢谢您！"爸爸说："不客气。"下一站爷爷上车，宝宝自己单独坐在一个座位上。这个时候妈妈要指引宝宝站起来让座位并说："老爷爷您坐这里吧。"爷爷再说："谢谢小朋友。"这时宝宝要说："不客气。"

专家提示

这个游戏能够帮助宝宝学会感激，用以培养宝宝乐于助人、彼此关怀的情感，锻炼与人友好交往的能力。

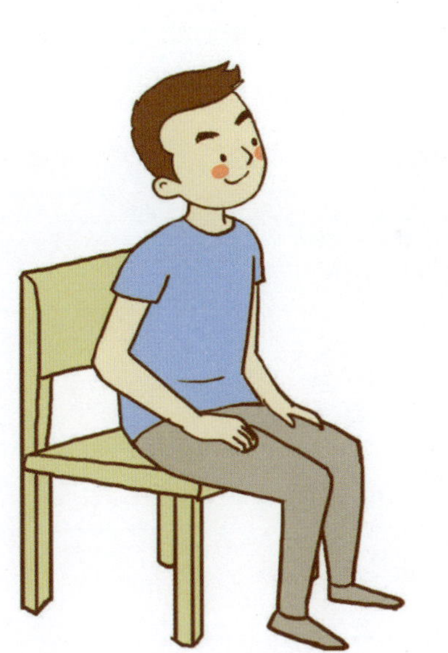

与家人分享食物

●开发目标

养成宝宝乐于与他人分享的习惯。

●互动游戏

妈妈将西瓜切好，让宝宝分别拿给爷爷、奶奶和爸爸、妈妈吃，并且要告诉宝宝："爷爷和奶奶是长辈，宝宝要把最大的西瓜拿给爷爷、奶奶吃。"接着告诉宝宝："爸爸、妈妈也是长辈，宝宝应该在剩下的里面挑最大的给爸爸、妈妈吃。最后宝宝再拿西瓜给自己吃。"

万一宝宝不高兴，妈妈就要告诉宝宝："爷爷、奶奶、爸爸、妈妈都很疼爱宝宝，宝宝也应该尊敬长辈。"为奖励宝宝，妈妈可把自己的西瓜和宝宝交换。这样会鼓励宝宝渐渐学着尊敬长辈。

专家提示

如今有一些宝宝被家人宠爱着，长大以后比较自私，不愿意与人分享，这是一种不好现象。这个游戏可培养宝宝乐于与他人分享的习惯，能在集体活动中感受到快乐，形成开朗的性格。

学着打针

●开发目标

培养宝宝学习社会交往。

●互动游戏

妈妈首先要先准备好玩具针、药瓶等医用设备，再和宝宝一起玩“打针”的游戏。

让宝宝演成医生，爸爸演成一位急诊病人，爸爸对宝宝说“医生，我肚子疼，快给我打一针吧。”

妈妈则演成一位普通病人，对宝宝说：“大夫，我有点感冒，鼻子不透气，给我打一针吧。”

还可互换角色，宝宝演成病人，妈妈演成医生。

专家提示

角色演出游戏是宝宝成长过程中较为重要的活动，可以提升宝宝的交往智慧，还可促进语言交流能力的发展。

视觉记忆智能开发

宝宝这个阶段能准确辨别事物的颜色、形状等外在特征，并且能通过观察记住图形和事物。此时，父母应锻炼宝宝的细心程度，激发宝宝对事物的求知欲和探索能力。

图画上缺什么

●开发目标

培养宝宝的观察能力。

●互动游戏

准备好六幅图：缺少胡子的山羊；缺少指甲的手；缺少腿的椅子；缺少眉毛的女孩；缺少窗户的房子；缺少车轮的汽车。

接着妈妈给宝宝看一下图片，并且一个接一个问宝宝："你看看这幅图画里面缺少什么？"要连续看完六幅画，好让宝宝说出来缺少什么。如果宝宝并不知道，妈妈要在教完以后，跳过几张图再次问宝宝一次，用以加强印象。最后指引宝宝把缺少的部分用画笔画上。

专家提示

观察是一种有目的感觉知觉活动，是发展智力的重要途径。这个游戏通过让宝宝认真观察，可锻炼宝宝的细心程度。

认蓝色

●开发目标

帮助宝宝识别蓝色，扩大宝宝认识色彩的范围。

●互动游戏

妈妈让宝宝学着认识一些带有蓝色的图片，并让宝宝找出爸爸妈妈所穿的衣服中有哪件是蓝色的。妈妈可带着宝宝去外面走走，让宝宝看一看蓝天。当宝宝去拿蓝色的彩笔时，妈妈就可告诉宝宝："这也是蓝色的。"宝宝可通过看、摸、听声音和自己发音等多种方式，增加对蓝色的印象，只要多练习几次，宝宝就能认识蓝色。

专家提示

随着宝宝渐渐成长，宝宝能分辨许多种颜色，帮助宝宝把具体的颜色与语言直接联系起来，此游戏能够让宝宝的色彩知识更加广泛。

认认时间

●开发目标

要让宝宝通过对时钟的观看，渐渐认识时间。

●互动游戏

每天当宝宝起床的时候，妈妈可以指引宝宝看一下时钟，并且告诉宝宝："宝宝看看，时针和分针是在一条线上的，此刻是早晨6点，宝宝起床的时间。"早上9点的时候，妈妈再让宝宝看着时间，跟宝宝讲："时针和分针呈直角。"中午12点时，时针和分针再次重合，告诉宝宝："现在是中午12点，这是我们吃午饭的时间。"下午3点的时候，妈妈就可告诉宝宝："宝宝快来看，两个指针又呈直角。"晚上6点时，妈妈再让宝宝看着时间，告诉宝宝："两个指针又在一条线上。"

妈妈要从整点开始教会宝宝认识到其他的时间，并且尽可能用有趣的语言描述时针和分针的关系，慢慢地宝宝就会认识时钟。

专家提示

一些宝宝会在大人的提醒下注意看时钟，且会渐渐意识到自己的生活和时间的关系，不但能够让宝宝养成规律的生活习惯，能帮助宝宝认识时间。

口蘑通心粉

原料

口蘑……………………20克
通心粉…………………30克
奶酪……………………15克

烹饪技巧

口蘑含有丰富的氨基酸，味道也非常鲜美，宝宝可多吃。

做法

1 锅中注入适量清水烧沸，加入适量盐、橄榄油。
2 下入空心粉，煮约6分钟后捞出沥干。
3 口蘑洗净切片。
4 锅中注适量橄榄油，倒入口蘑片炒软。
5 再加入奶酪，炒匀。
6 将煮熟的空心粉倒入锅中，炒匀入味即可。

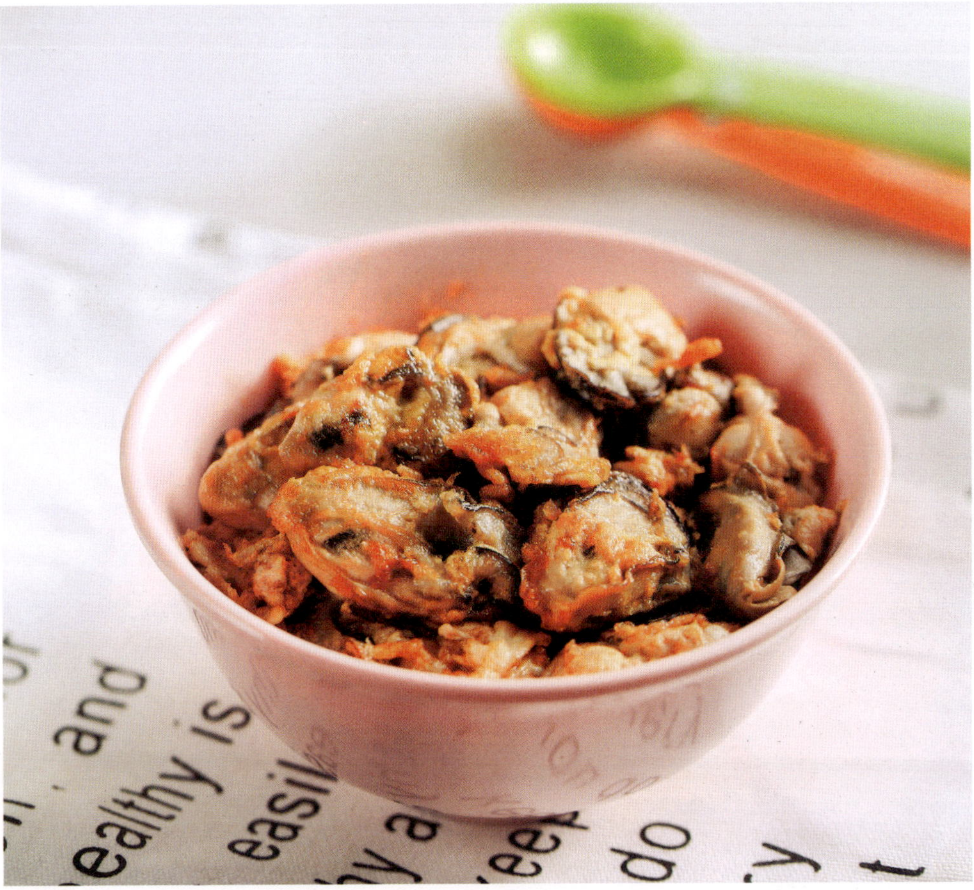

干煎牡蛎

牡蛎肉……………………400 克
鸡蛋……………………………5 个
葱末、姜末………………各适量

牡蛎也叫“海中的牛奶”，其蛋白质、钙、氨基酸的含量都很丰富。

1 牡蛎肉去除杂质，洗净，放入沸水中焯烫，捞出沥干。

2 鸡蛋打入碗中，搅散，放入牡蛎肉、葱末、姜末、盐和味精搅匀。

3 油锅烧热，放入牡蛎蛋液，煎至两面呈金黄色，熟透后烹入料酒。

4 再淋入芝麻油，出锅装盘即可。

海米冬瓜

冬瓜……………………………500 克
海米……………………………10 克
葱、姜…………………………各适量

海米可以事先油炸片刻，味道会更咸香。

1 冬瓜洗净，去皮去瓤，切片。

2 海米放入清水中泡发；葱、姜分别切丝。

3 锅烧热倒油，放入葱、姜，煸出香味，放入海米，炒匀。

4 注入适量清水，下入冬瓜，加入适量料酒，盖上盖，煮至冬瓜熟软。

5 揭盖，搅拌均匀，盛出即可。

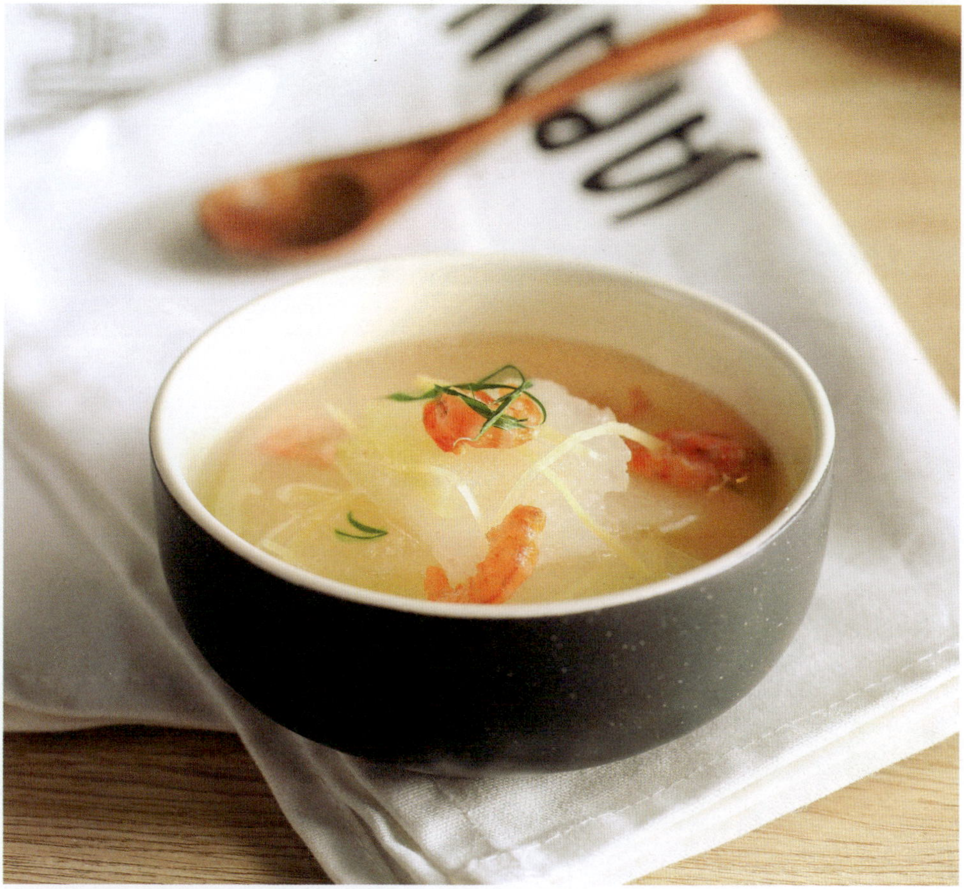

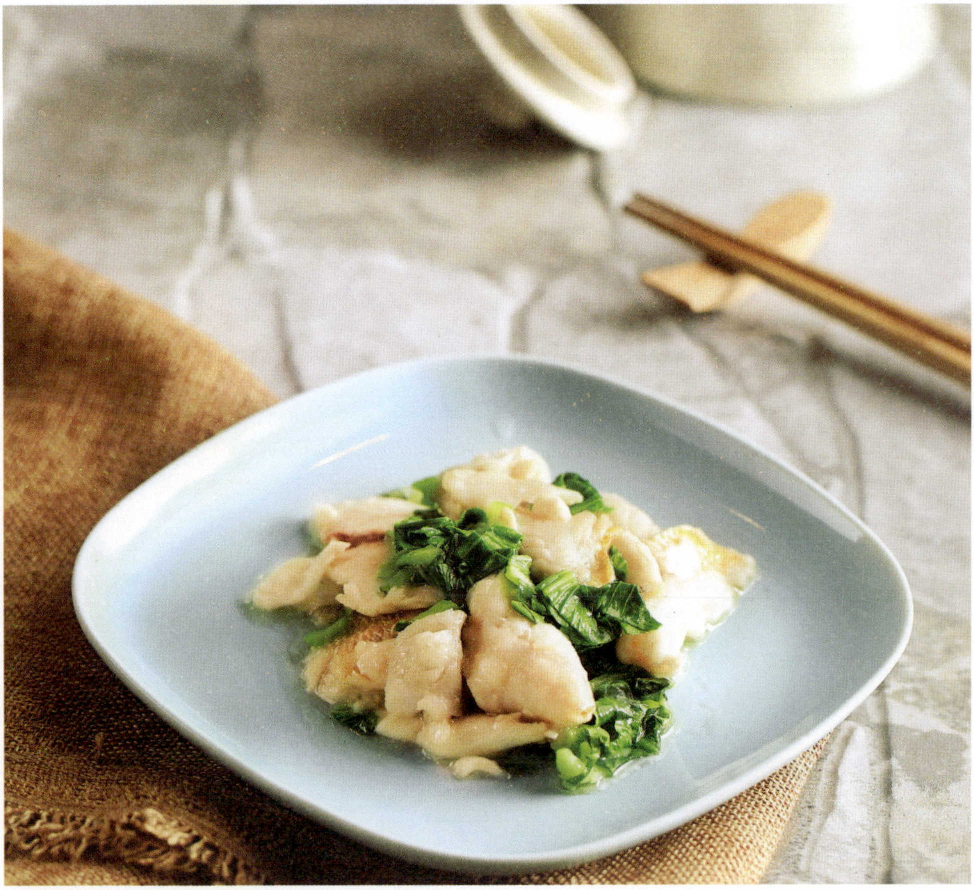

青菜溜鱼片

青菜……………………80 克
大黄鱼肉………………180 克
姜丝……………………适量

1 青菜切碎；鱼肉剔去骨头，片成鱼片。

2 鱼片装入碗中，放入料酒、盐，拌匀。

3 热锅注油烧热，倒入鱼片烧至转色捞出。

4 锅底留油，倒入青菜，翻炒；加高汤、盐、鸡粉、白糖，炒匀；放入鱼片，翻炒；淋入水淀粉勾芡；淋上芝麻油提香装碗即可。

鱼片切得薄一点，口感会更好，也更适合宝宝食用。

奶酪炖软饭

奶酪……………………………20 克
米饭……………………………40 克

1 锅中注入少许清水，大火煮开。
2 倒入备好的奶酪，搅拌煮化。
3 再倒入米饭，拌至米饭松散。
4 盖上锅盖，焖煮 2 分钟至入味即可。

米饭炖好之后可以再撒点奶酪粉，味道会更香浓。

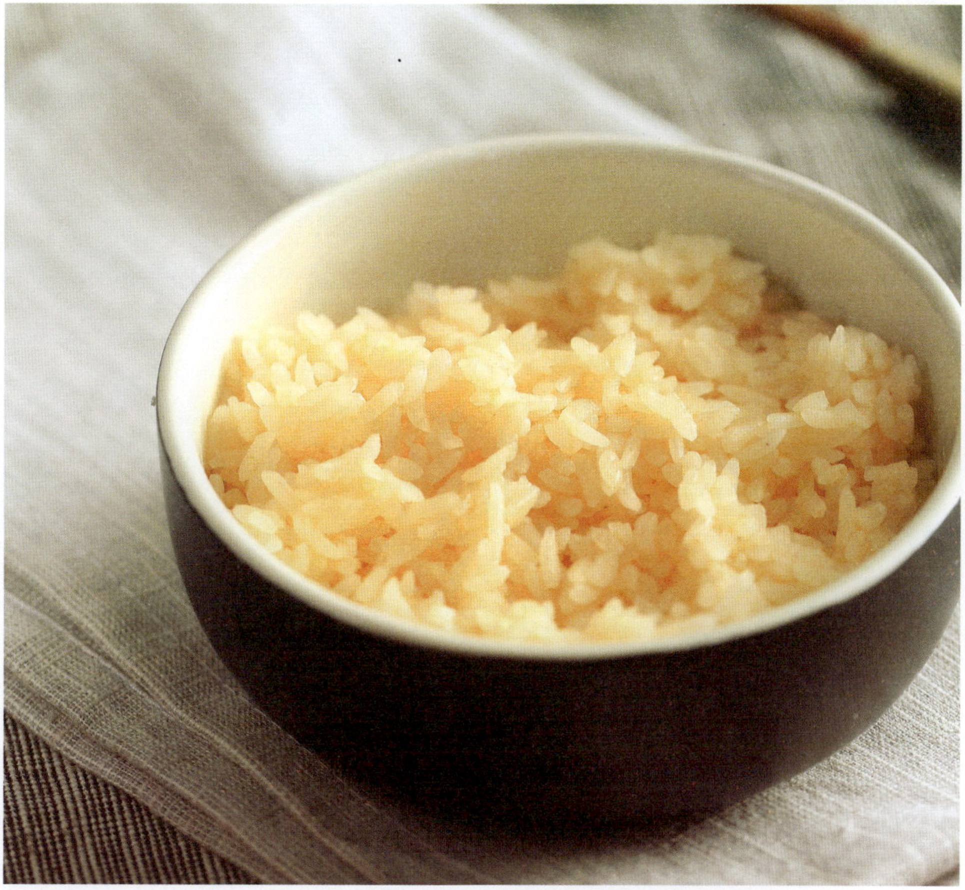

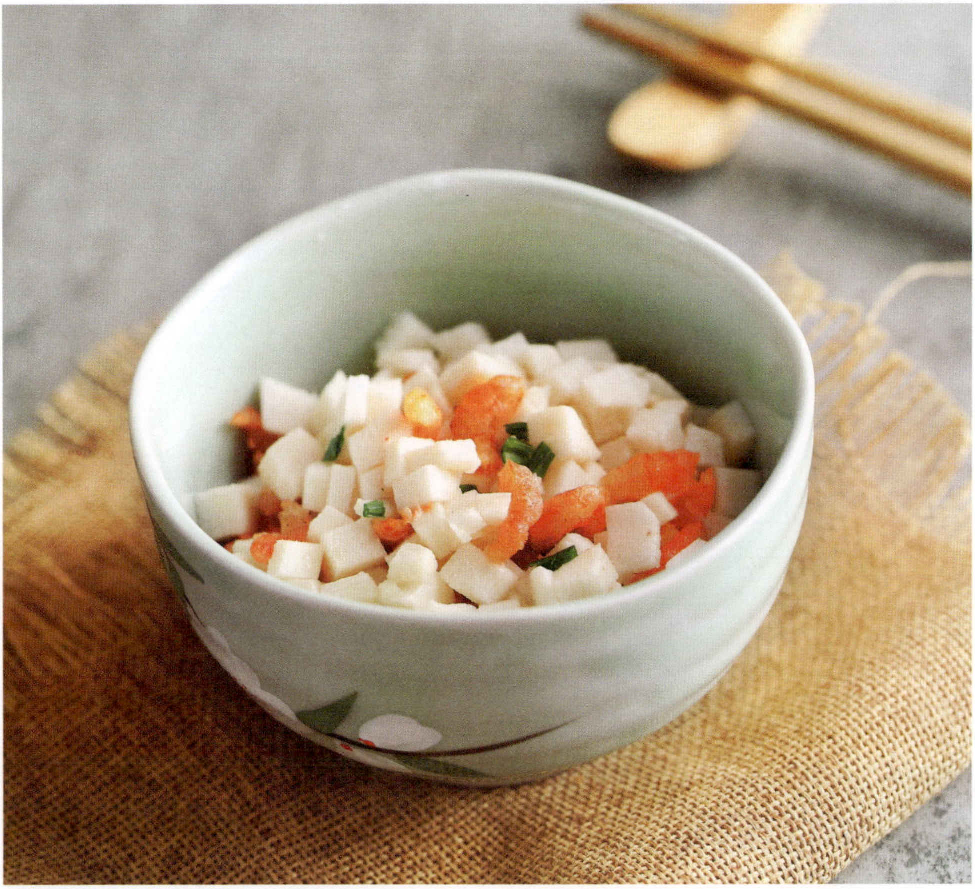

小虾炒笋丁

春笋……………………………80 克
海米……………………………10 克

海米含有蛋白质、维生素 A 等营养成分，有增强免疫力、益智健脑等功效。

1 洗净的春笋去壳，切成小丁。

2 海米内注入热水，浸泡片刻，滤干。

3 锅中注入适量清水烧开，倒入笋丁，汆去苦味捞出，沥干。

4 热锅注油烧热，倒入海米，炒出香味。

5 再倒入笋丁，快速翻炒均匀即可。

紫薯沙拉

原料

紫薯片……200克
牛奶……50毫升
沙拉酱……适量

做法

1 把紫薯片蒸熟，取出放入碗中，倒入牛奶。
2 将紫薯夹碎，倒入袋子中，压成泥状。
3 袋子的一角剪一个小口子，将紫薯泥挤在模具中，压平。
4 再将紫薯泥倒扣入盘中，挤上沙拉酱即可。

烹饪技巧

宝宝抵抗力较差，常食紫薯可增强抵抗力。

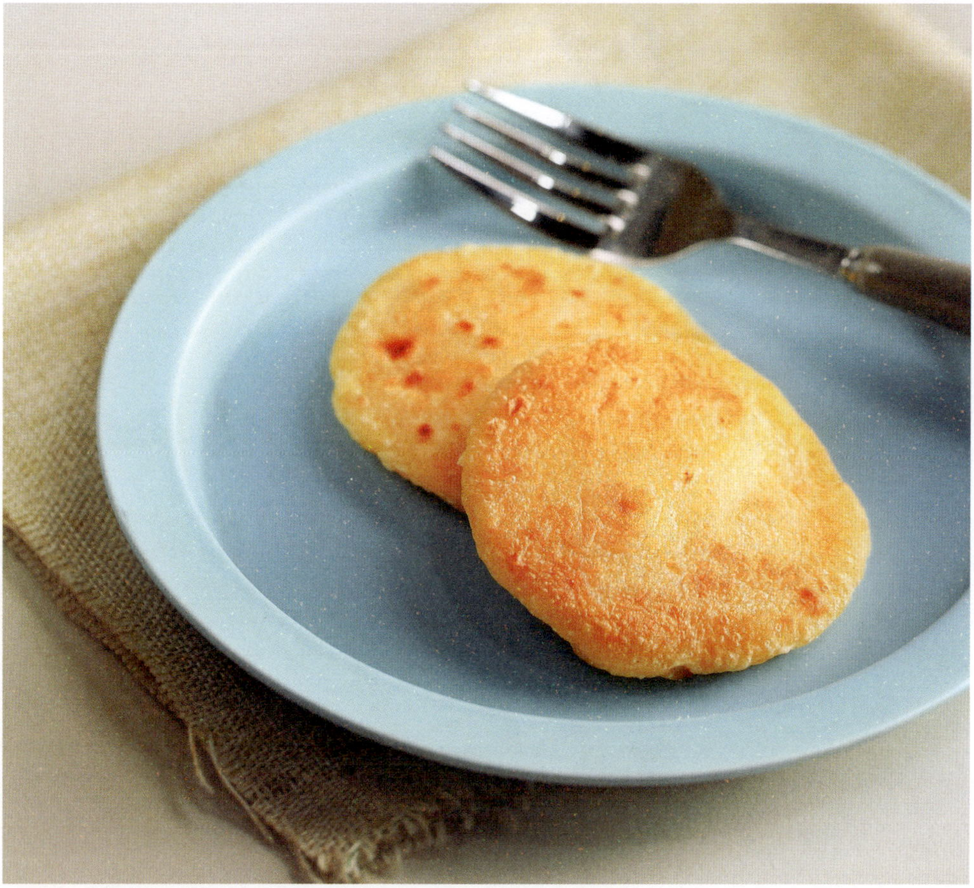

蛋奶松饼

牛奶……………………100毫升
面粉……………………50克
鸡蛋……………………1个

1 鸡蛋倒入碗中，倒入牛奶，搅拌均匀。
2 倒入面粉，充分搅拌均匀。
3 倒入白糖，搅拌片刻。
4 煎锅注油烧热，倒入面糊，煎至两面金黄。
5 将剩余的面糊逐一煎制好即可。

面糊一定要充分搅拌匀，以免煎制时有结块，影响口感。

蒜香西蓝花

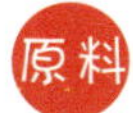

原料

西蓝花……200 克
蒜末……适量

做法

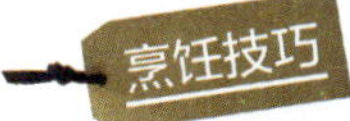

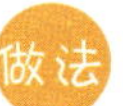

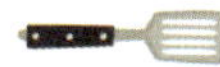

1 洗净的西蓝花切成小朵。

2 锅中注入适量清水烧开，放入少许盐、食用油，拌匀。

3 倒入西蓝花，搅拌匀，汆至半生，将其捞出，沥干。

4 热锅注油烧热，倒入蒜末，翻炒爆香。

5 倒入西蓝花，翻炒片刻，加入少许盐，炒至入味即可。

烹饪技巧

西蓝花切好后可放入淡盐水中泡一会儿，能改善成品的口感。

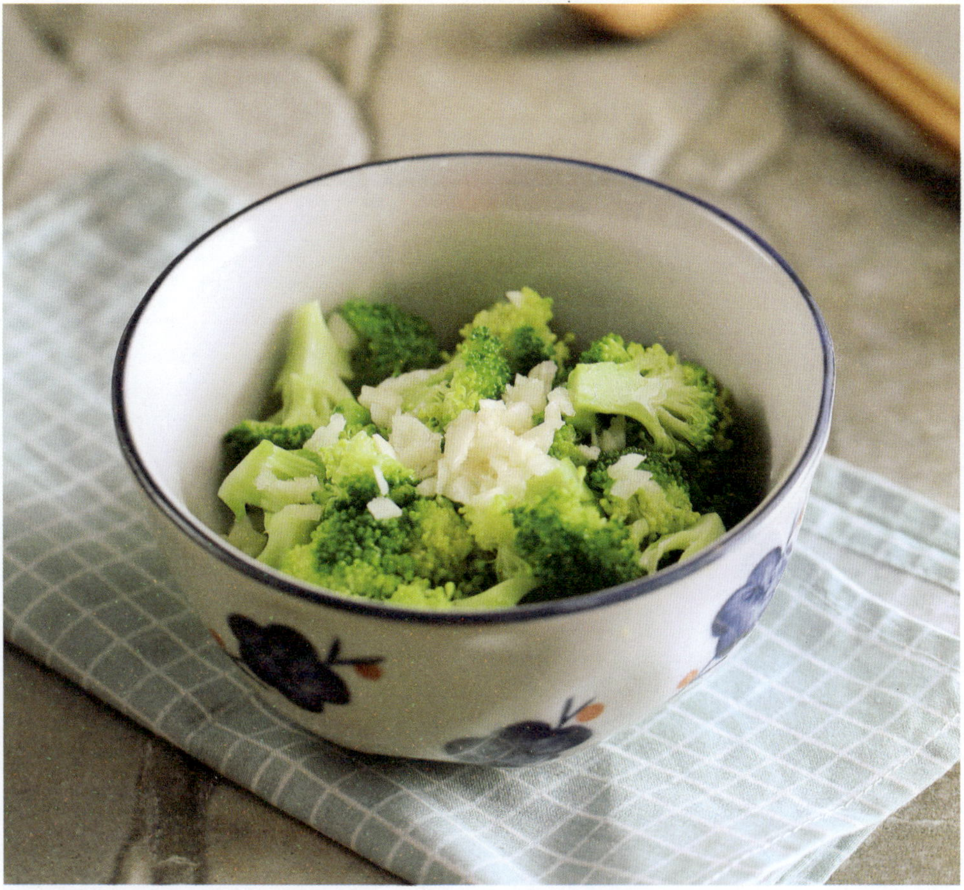

胡萝卜红薯条

原料

胡萝卜、红薯………… 各 80 克

烹饪技巧

蒸胡萝卜条和红薯条的时候，可以根据需要掌握蒸的时间，想要软一些可以蒸久一点。

做法

1. 将胡萝卜洗净，切成长条；将红薯洗净，切成长条。
2. 将切好的胡萝卜、红薯装入蒸盘中，待用。
3. 电蒸锅注水烧开，放入蒸盘，盖上盖，蒸至食材熟软。
4. 揭开锅盖，再取出蒸盘，稍微放凉后即可食用。

焦香牛奶小馒头

馒头……………………………120 克
牛奶…………………………120 毫升

煎馒头的时候要视自己家中火力大小来调整火候，火力太大的话只需要用中小火煎即可。

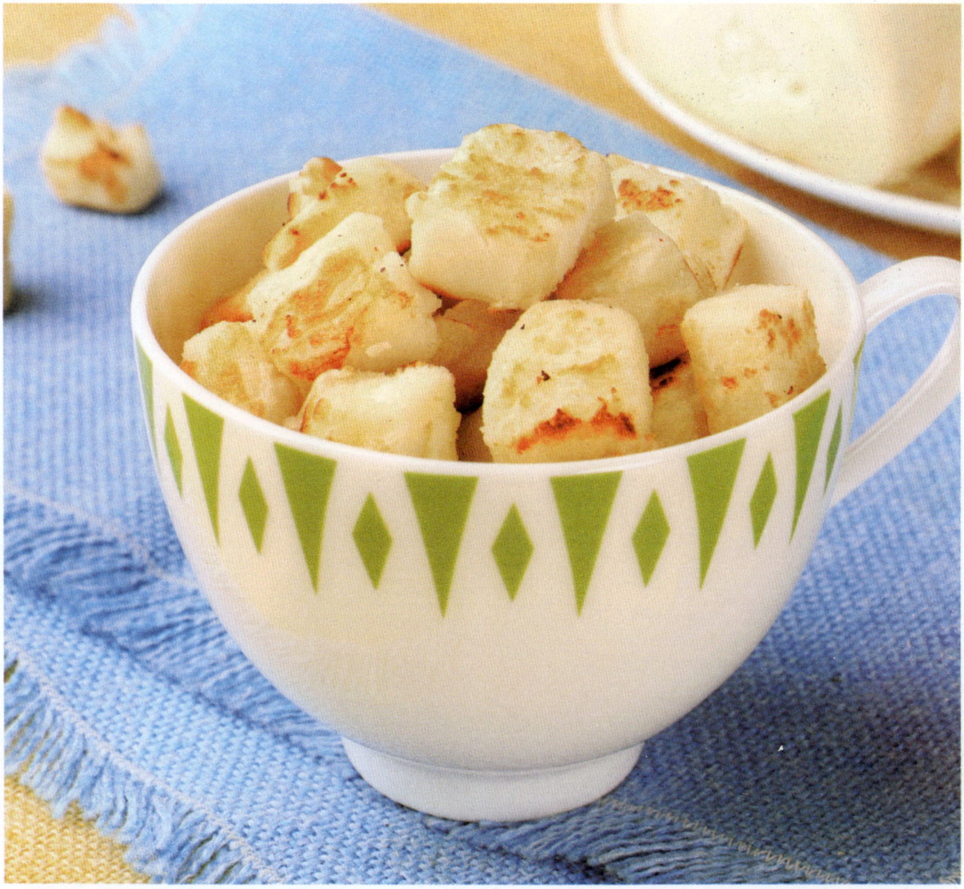

1 馒头切厚片，切粗条，再切小方块。

2 将切好的馒头装碗，倒入牛奶，拌匀，静置一会儿至馒头吸饱牛奶。

3 热锅中倒入吸足牛奶的馒头，开大火，加盖，煎约 3 分钟至馒头底部焦黄。

4 揭盖，翻面，续煎约 2 分钟至整体焦黄。

5 关火后盛出焦香牛奶小馒头，装盘即可。

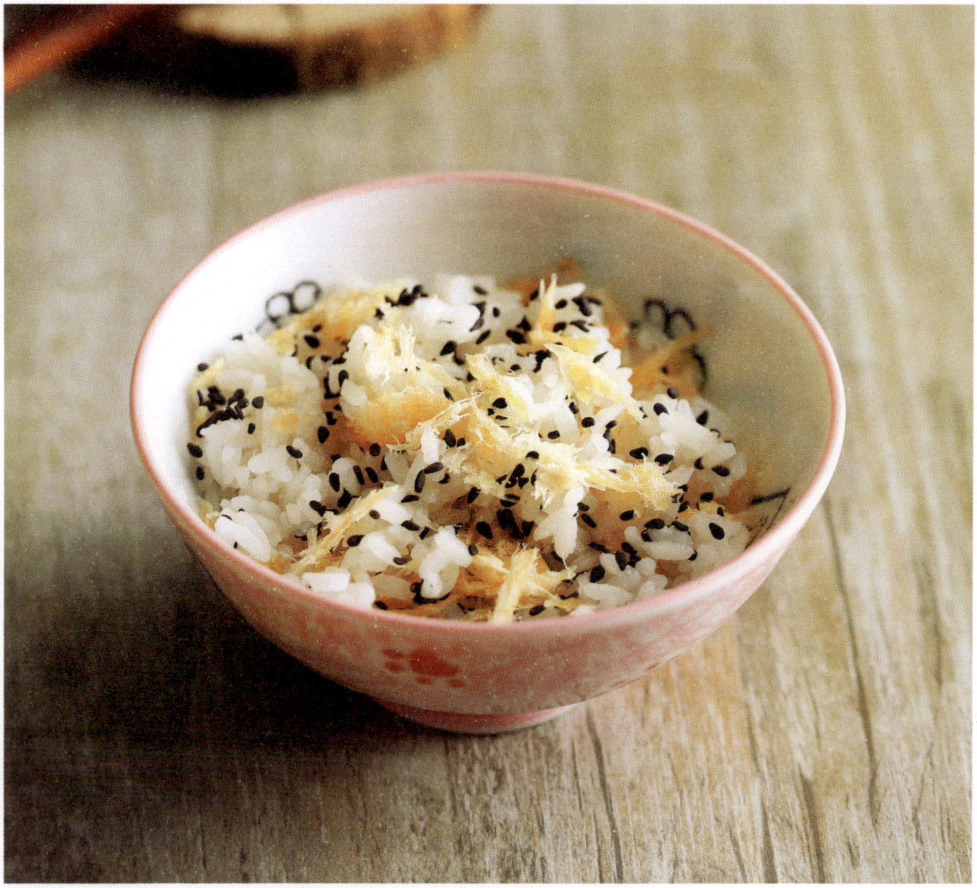

鱼松芝麻拌饭

黑芝麻……………………………5 克
米饭……………………………40 克
鱼松……………………………20 克

1 黑芝麻倒入煎锅中，干炒出香味。

2 米饭倒入大碗中，加入鱼松、黑芝麻，充分搅拌均匀。

3 淋入少许寿司醋，搅拌均匀。

4 将搅拌好的米饭装入碗中即可。

可以将炒熟的芝麻研磨成粉末状，方便宝宝吞食。